为何是杭州

不只是杭州

三土城市笔记 著

浙江人民出版社

图书在版编目（CIP）数据

为何是杭州：不只是杭州 / 三土城市笔记著. --杭州：浙江人民出版社，2025.8. -- ISBN 978-7-213-11998-9

Ⅰ．F127.551

中国国家版本馆CIP数据核字第2025Y1P743号

为何是杭州：不只是杭州
WEIHE SHI HANGZHOU BUZHI SHI HANGZHOU

三土城市笔记　著

出版发行：浙江人民出版社（杭州市环城北路177号　邮编　310006）
　　　　　市场部电话：(0571)85061682　85176516
责任编辑：周思逸
营销编辑：童　桦　陈雯怡　张紫懿
责任校对：陈　春
责任印务：程　琳
封面设计：王　芸
电脑制版：杭州兴邦电子印务有限公司
印　　刷：杭州长命印刷有限公司
开　　本：880毫米×1230毫米　1/32　　印　张：10
字　　数：179千字
版　　次：2025年8月第1版　　　印　次：2025年8月第1次印刷
书　　号：ISBN 978-7-213-11998-9
定　　价：68.00元

如发现印装质量问题，影响阅读，请与市场部联系调换。

目 录

楔　子 　　　　　　　　　　　　　　　　　　　　　　001

第1章　城市进化论：从西湖时代到科创之城　　　　　015

　01　从销金窟到数字经济第一城　　　　　　　　　019

　02　杭州科创中心的南移与西进　　　　　　　　　040

第2章　创新者图鉴：科技突围的杭州样本　　　　　063

　01　整数智能：AI行业的"数据合伙人"　　　　　067

　02　西湖心辰：做"懂人心"的情感大模型　　　　079

　03　特看科技：AIGC如何重塑电商内容生产　　　　090

　04　灵伴科技：等待AI眼镜"iPhone时刻"的到来　　101

　05　炽橙科技：工业领域的Manus何以从杭州而来　　111

第3章　为何是杭州：政府、人才与市场的良性互哺　129

01　"我负责阳光雨露，你负责茁壮成长"　135

02　比西湖更迷人的人才引力场　154

03　刻在骨子里的创业"浙商基因"　170

04　一位本土投资人眼中的杭州创投生态　188

第4章　群星闪耀时：中国创业创新的"满天星斗"　205

01　南京：产业进化论的标本城市　209

02　合肥："最牛风投城市"如何炼成　225

03　无锡：地级市"天花板"的产业秘诀　244

04　义乌：低线城市的"逆袭"神话　265

尾　声　281

后　记　313

楔　子

一

风起于青蘋之末。

如果追溯这波杭州创新浪潮在大众媒体端的引爆过程，一个很重要的由头和起点，可能要从2024年12月底，两家中国公司接连发布新品，引发了海外重新审视中国创新的现象说起。

先是宇树科技发布了B2-W机器狗，它翻山涉水爬坡，负重载人，灵敏的反应俨然是狗中特种兵，在海外科技圈引发不少关注。没过几天，一家在国内并不算主流的大模型公司——深度求索发布了DeepSeek-V3模型的技术报告，它的训练效率和成本令大模型行业人士大为惊诧。

这两家公司分属不同的行业，媒体往往以不同视角来报道它们。而作为一个驻点杭州的科技媒体记者，我却感觉到一个特殊点——这是两家诞生在杭州的公司。杭州的科技创新是不是正成为一种"杭州现象"？

杭州这些年在科技创新领域其实已经不乏出圈的成绩。大众层面知名度最高的当属2024年引爆全球游戏圈、创下了首款国产单机3A游戏销售纪录的《黑神话：悟空》，它就出自游戏科学的杭州团队之手。还有一批行业内名声不俗的科技独角兽企业，比如我在2024年秋天因为空间智能公司酷家乐的一场产品升级发布会知道了它背后的母公司群核科技。这是一家被许多人划归到家装赛道，但其实拥有着不俗的空间计算能力的公司，2019年它就与今天硅谷的万亿美元市值巨头们有合作。又比如在扩展现实（XR）*领域深耕多年的人工智能公司灵伴科技（Rokid），过去几年它在持续引领国内人工智能硬件的一些创新方向……

简单爬梳后，我认为值得以群像的方式来报道这座城市的科技创新。于是在2025年元旦，我们的新媒体阵地"数智前线"推出了我的一篇深度报道《枪响在2018：神秘东方力量，为何扎堆杭州》，这应该也是目前国内对杭州这波科技创新比较早、比较全面的深度报道文章。

这篇报道发出去后，我们很快感受到它正迅速、广泛地触达这座城市里关心科技创新的人群。因为后台很快涌入了大量的读者留言，他们围绕着杭州到底发生了什么，为什么有这么

---

* 指通过计算机技术和可穿戴设备生成的真实与虚拟环境融合的交互系统。

多创新企业聚集在杭州，展开了热烈讨论。一些政府部门的人士也来了解报道情况。同城媒体的报道也很快跟上，全城热议之下，杭州"六小龙"的提法不胫而走。

到2025年1月下旬，又有新的事件引爆大众的情绪。1月20日，深度求索公司发布了新的模型DeepSeek-R1，这是第一家对外公布思维链推理模型的公司，它采取了前所未有的开源策略，模型的口碑也在各种类型的人群里打响。很快，海外科技媒体聚焦到了它惊人的成本和训练效率，有人称DeepSeek带来了中国大模型的"斯普特尼克时刻"[*]，美国的芯片股甚至一度遭受重挫下跌超过12%。

也是在同一时间节点，农历春节如期而至，杭州的科技元素在春晚上再度闪耀——阿里云赞助春晚重回舞台中央，宇树机器人再上春晚，能扭秧歌的机器人让许多人认识到了人形机器人行业的快速进步。

杭州作为这些创新公司的发源地，也因此受到全国层面的广泛关注。

至此，杭州的"小龙"们真正成了全国乃至全球关注的焦点，"杭州创新"实现了现象级破圈。

---

[*] 指在科技、军事或其他领域，当某个国家或组织意识到自己在关键领域落后于竞争对手时，所面临的巨大挑战及压力，以及由此产生的紧迫感与行动需求。

二

回溯这波杭州创新现象的出圈历程，从传播和记录者的角度看，能较早撰写深度文章，捕捉到这座城市里的新趋势，有幸运的因素。但这背后未尝不是中国科技产业的"念念不忘，必有回响"。

过去几年，中国的科技创新能力其实一直在默默积蓄。而杭州科技创新公司的推新，恰好就处在中国创新和科技产业发展的某个情绪临界点上。而杭州创新现象的出圈，其实也是世界对中国科技实力的价值重估。

这些公司不是一夜之间出现的。大众能看到它们一朝成名天下知，但每一家企业其实都经历了苦心孤诣打磨产品的发展历程，它们能一步步走到大众面前，几乎都称得上是长期主义的赞歌。

比如，其中最知名的DeepSeek，创始人梁文锋在接受采访时说过，外界能看到幻方量化在2015年之后的动作，但其实此前他们已经做了十几年。幻方最开始切入金融场景，只是在尝试很多场景之后，最终切入的一个足够复杂的场景。而通用人工智能（AGI）是下一件最难的事之一，所以幻方进入通用人工智能领域，只是一个怎么做的问题，而不是为什么做的问题。

今天大家都明白梁文锋所言非虚，人们发现他在浙江大学攻读人工智能方向时就笃信"人工智能一定会改变世界"。大众还没听过"通用人工智能"这个词时，2020年幻方AI就在公众号文章里提过要构建超大型神经网络，探索更强大的人工智能科学，寻找通往强人工智能未来的钥匙。它的动作其实与海外的头部大模型公司处在同一起跑线上。

值得一提的是，对中国科技的价值重估，也意味着在此之前大家普遍认同国内的人工智能领域与海外存在代差。

这里不得不提2023年的春节，国内科技圈人士应该很难忘记这个时间点。

2022年11月底，OpenAI发布ChatGPT，用了两个月时间就快速突破了1亿用户。到2023年春节期间，这个新兴的、划时代的产品真正开始在国内的产业界掀起讨论热潮。我们当时围绕着产业界的动向，写过一篇报道《ChatGPT火了，中国人工智能圈有点上火》，从标题就能看出那阵子国内产业界的心态。彼时行业主流观点是中美差距可能在两年到三年。

也因此，整个2023年到2024年，国内大模型的新品发布时都少不了一个环节：对标GPT的能力。这个时间段国内科技界有一个共同心声，要奋力追赶海外一流模型，缩小海内外差距。很多企业还列出了追赶时间表。

2024年春节时，"噩耗"再度传来。OpenAI发布了文生视频模型Sora的演示视频，与前一年春节一样，Sora也成了现象级的刷屏产品。并且伴随着这种刷屏，行业内还弥漫着一股更为悲观的情绪。

ChatGPT发布时国内大厂基本都有动作，大家拆解技术路线，成立研发小组加速追赶，反应和行动速度都很快。但Sora出来后，我们听说一些头部大厂内部论坛甚至都没有帖子讨论。这种沉默背后其实有一股意兴阑珊感，许多人觉得国内与海外一线企业的差距已很难追上。这可能是国内AI产业信心最薄弱的时刻。

到2024年年中，国内大模型赛道有一场战争爆发，模型调用成本迎来了大幅下降，大厂纷纷跟进这一动作，大模型创业公司也不得不做出反应。许多人认为这场价格战下，模型企业的生存状态因此变得更为艰难，创业公司很难通过用户付费调用来实现健康造血，完成正向经营循环。

行业内追溯这场战争源头时发现，以技术进步来实现科技普惠，打响第一枪的其实正是DeepSeek。梁文锋当时也出来接受过媒体采访，他的回应十分有少林扫地僧的风范。他说，降低模型调用价格只是想把技术进步带来的普惠效应分享给开发者群体，并没有预料到之后在行业内形成的蝴蝶效应。

其实也是在这一时期，DeepSeek已经开始不显山露水地展现出了自己的创新力了。DeepSeek在此期间发布的V2模型，在海外科技圈赢得了不错的口碑，许多行业大咖点赞模型能力。

"神秘东方力量"的提法在那个时期就开始流传开来。

独木不成林，除了DeepSeek，同期，阿里巴巴的千问（Qwen）开源模型也在开发者圈子里有了不错的反馈。

也是在这段时间，国内的文生视频大模型突然迎来了爆发。典型的有快手可灵文生视频大模型，作为全球第一个可公开试用的生成时长超过1分钟的产品，它甚至走在了Sora的前面。

事后回想，2025年年初的中国人工智能价值重估，社会情绪酝酿可能就是从这个阶段开始，之后，每多一家中国科技公司发布新产品，这种重新认知中国创新的情绪就增加一分。

行业内在讨论文生视频领域的"逆袭"时认为，国内能后来者居上的主要原因在于，技术路线已经没有秘密后，国内的人才储备和数据资源及应用场景丰富，对文生视频大模型的快速进步大有助益。

而如果推而广之到这轮中国科技产业爆发，国内的人才储备、数据资源、应用场景丰富都是当下中国能快速取得成绩的重要原因。更重要的是，中国的创新者们已经站在了全球竞争的最前沿，他们敢于争先，不做追随者。这也是新一代中国创新者的面貌。

到2025年年初，伴随着DeepSeek与宇树科技等接连发布新品，展现出了中国科技创新的引领性后，大众情绪的临界点也终于到来。

从这个层面看，这一波的杭州创新浪潮，要纳入世界重新认知中国创新的框架中。也可以说，杭州是中国科创的一个缩影。杭州的"六小龙"现象，是中国在前沿科技领域持续求索，锥处囊中终于脱颖而出的时刻。

关注杭州科创新势力，就是在关注中国创新。

三

为什么是杭州，引领了这一波科技创新浪潮？

可能要从这座城市的创新土壤说起。

创新人才云集无疑是其中很重要的因素。就像DeepSeek创新与这家公司的灵魂人物梁文锋强烈的理想主义色彩密不可分一样，这一波杭州创新浪潮里，杭州的人才密度，在国内同等能级的城市里算得上数一数二。

早在2015年，时任浙江省科技厅厅长周国辉就提出浙江和杭州形成了"创业新四军"——"高校系""阿里系""海归系""浙商系"，它们共同成就了杭州繁盛的创新生态。

以"高校系"为例，目前中国的科技版图里来自浙江大学的创业者已经扮演了重要的一极。远的段永平暂且不提，近的拼多多创始人黄峥就出自浙大竺可桢学院混合班。这个竺可桢学院还被称为浙大的"天才班"，在创投圈赫赫有名，20余年间走出了大批知名创业者。2024年有机构统计，浙大校友上市公司总市值约5.4万亿元,几乎相当于一个省的GDP。

而阿里巴巴对杭州创新的影响也非常突出。2014年阿里巴巴上市,创下当时全球IPO规模最大的历史纪录后,就对创新创业产生了巨大的示范效应。更多的人看到了互联网创业的潜力,激发了创业热情,从而涌现出一系列的互联网创新创业企业,涵盖电商、云计算、金融科技、智慧物流等多个领域。阿里巴巴的强大影响力吸引了大量的国内外高端人才汇聚杭州,同时阿里巴巴自身还培养了大批的优秀科技人才,这都有助于城市科技创新生态的构建。

至于"浙商系"的作用和价值,那就更不必多说。浙商经常问鼎中国首富榜单,雄厚的民间资金力量,广阔的海外市场触角,敢想敢干敢为人先,都为不同阶段的杭州创新提供了营养。

当下围绕着杭州创新,有一个非常经典的提法,即"有效市场"和"有为政府"。有效市场指的是市场经济发达,民营经济占主体,杭州的企业能积极参与市场竞争,在竞争中发展和壮大自己能力的市场。而有为政府则是指懂得产业发展规律,为产业发展提供充分营养的政府。

仅以人才层面为例,如果杭州"创业新四军"是有效市场的一种体现,那么有为政府从新一线城市抢人大战中杭州的表现就可见一斑。杭州政府已经持续十余年积极引入人才,从

2015年开始,杭州的常住人口增量多年均维持在10万人以上,在新一线城市中多年稳居前三。有人就有活力,大量的人才持续涌入杭州,离不开政府持续多年围绕着人才引进做的细致全面的工作。

阿里云创始人王坚博士还有一个经典的黑土地理论,他认为这一波杭州创新浪潮成长在一片创新的黑土地上。

什么是黑土地?在王坚看来,黑土地是由死去的东西烂在地里形成的,创新也是一样,没有成千上万的创新项目或企业在探索中失败、沉淀下来成为"肥料",就不会有最终的成功者。

也可以说,"六小龙"是杭州创新的一个缩影,但杭州不只有这些"小龙"。要有庞大的创新基数,有成千上万的企业积极参与竞争,最终才会涌现出各个领域里的"小龙"。

另外,就像杭州作为中国创新的缩影一样,"小龙"们的特质,也是更大范围里,当下这波中国创新者群像的普遍特质。

其中最重要的一点,无疑是志存高远,积极参与全球竞争。

梁文锋说过:"现在最重要的是参与到全球创新的浪潮里去。过去很多年,中国公司习惯了别人做技术创新,我们拿过来做应用变现,但这并非理所当然。这一波浪潮里,我们的出发点,就不是趁机赚一笔,而是走到技术的前沿,去推动整个生态发展。"

群核科技联合创始人黄晓煌也是如此。他2011年在英伟达负责CUDA*开发时就想将高性能计算应用到模拟物理世界方向。当时算力成本和速度提升是双重难题，他想到在云端搭建GPU服务器的思路，但这在硅谷没有先例。

当下中国创新在很多领域已经迈进了无人区，光伏、新能源车、无人机、锂电池等多个行业，之所以能够实现超越发展，每一个领域里都站着一群平视世界、敢于争先、勇立潮头的创新者。

当然，这些人不只局限在杭州，像北京、深圳、上海、南京、苏州、合肥、无锡、义乌……国内还有一大批城市在充分发挥自身优势和积累，以不同的方式参与全球竞争，推动中国产业发展的升级。

以上是我作为一个城市创新报道者的一点心得和感悟。媒体在区域创新浪潮里是见证者的角色，作为一个新杭州人，能参与和亲历这一过程我也感慨万千。这座城市还在生长和发芽，"小龙"们还在成长，它们还有很多高峰需要攀登，这座城市还有无限可能。

---

* 一种并行计算平台和编程模型，旨在利用GPU的强大计算能力来加速各种计算密集型任务。

四

基于上述思考和背景，当"三土城市笔记"创始人土哥涅夫告知我，他们有《为何是杭州：不只是杭州》的出版计划，希望我来参与并撰写这本书的楔子时，我便欣然命笔。

和我长期专注于科技产业报道不同，"三土城市笔记"作为一家立足杭州城、聚焦长三角的区域城市类自媒体，其团队更擅长从区域城市的角度来梳理、分析产业经济、科技创新的演变历程及背后的发展逻辑。

2025年年初，随着我的报道引发"六小龙"热潮，各地都在称赞杭州、反思自己。一时间，"杭州模式"备受推崇，人人争相效仿。但在这样"一边倒"的舆论风向中，"三土城市笔记"刊登了一篇在我看来是当时最冷静分析杭州发展优劣得失的文章——《我现在倒是有些担心杭州了》。

或许是觉得一篇文章不足以全面梳理杭州这些年科技创新领域的发展历程，客观分析其中的利弊得失，因而"三土城市笔记"有了进一步写书的计划。

整本书的主体内容分为五个部分，第一章聚焦"六小龙"的诞生地杭州的城市产业流变。这座城市为什么能诞生这么多的"小龙"？关注这座城市过去几十年的城市定位和功能演变，尤其是从空间和时间层面来解析城市的产业规划和布局脉络，有利于理解杭州这座"卧龙之城"创新的秘密。

正如大家经常挂在嘴边的那句话，杭州"六小龙"背后，其实有六七千条龙。因此第二章的内容也落到案例上，用当下人工智能产业链条上不同环节的企业的发展和成长案例，来印证杭州这座城市创新土壤的发达。

选定的案例里整数智能、西湖心辰、特看科技、灵伴科技、炽橙科技等公司创始人的背景各异，有"高校系""阿里系""海归系"和"浙商系"，而且这些公司的存在本身证明了杭州"创业新四军"所言不虚，它们的成长历程也充分显示了杭州这座城市里有效市场和有为政府如何发挥作用。

第三章的内容又从现象和案例抽离，深入到了这座城市的创新土壤上来。杭州到底从哪些层面在支撑这波创新？答案有很多，政策、产业、人才、城市精神……都是答案。同时这一章内容还补全了投资者的视角。相比国内一线城市，杭州不算传统科教重镇，没有高端国际化人才优势，产业链完备程度也不占优势，为什么在这波科创浪潮里能够拔得头筹？亲历了杭州的几波创新浪潮的创业者，同时也是资深投资人的花姐（本名张洁）有她独到的看法。

前文提及，杭州的创新之所以被广泛关注，其实也是世界在重新认知中国科技，中国创新本身正在迎来蝶变时刻。第四章的内容也围绕着中国的创新不只发生在杭州展开，以南京、无锡、合肥、义乌等城市的创新模式来呈现中国产业的群星闪耀,创业创新的"满天星斗"。

尾声部分,整本书的视线又重新回到了浙江,回到了当下科技创新的最前沿人工智能产业里最基础领域的竞争上。基础模型领域,浙江的开源"三剑客"以"打团战"的方式参与全球竞争,正在为全球的人工智能创新提供新的发展路径。开源模型领域的竞争是一个样本,中国科技产业升级,打破技术封锁的解法,也许就藏在科技普惠、让世界变得更美好、为人类发展提供更好的公共产品等理念之中。

为何是杭州?不只是杭州!

第1章

城市进化论：从西湖时代到科创之城

"上有天堂，下有苏杭。"说起杭州，很多人的第一印象可能都是秀美的西湖山水，繁华的湖滨商圈，或者古色古香的清河坊、南宋御街。这些地方当然都是杭州，但它们只代表杭州的一个侧面，即杭州的过去，或者说传统印象中的杭州。

而事实上，经过改革开放特别是过去20多年的飞速城市化，今天的杭州早已不局限在钱塘江以北、贴沙河以西、拱宸桥以南、文教区以东那几十平方千米。它是总面积1.69万平方千米的长三角面积第一大城市，光是市辖区就多达十个，市区面积8289平方千米，是1949年时的32.9倍。2024年全市户籍人口875.7万人，是1949年时的3.04倍，如果按照常住人口来算，差距就更大了。

同时，杭州也不只是一座风景旅游城市。它是GDP接近2.2万亿元的全国排名前十的强发达城市，是公认的中国"第五城"，在很多关键领域、核心指标上甚至已经超过了一线城市广州,以至于"北上深杭"的说法这些年渐渐有取代"北上广深"的趋势。

它的民企500强数量连续22年蝉联全国第一,阿里巴巴、蚂蚁科技、吉利、娃哈哈、农夫山泉、海康威视、老板电器……我们随口就能报出一长串杭企名单。

它还是国务院批复的唯一一座"全国数字经济创新中心"城市,2025年年初爆火的"六小龙"更是把杭州的科研创新实力推到了世界面前,让各地城市主政者争相反思:为什么是杭州?为什么我们没有诞生"六小龙"?

所以,再以老眼光、旧观念来描述、审视、评论杭州,难免盲人摸象、管中窥豹、失之偏颇。

当然,就像罗马不是一天建成的,杭州也不是一夕之间变成现在这个模样的。过去100多年,杭州和这个国家一样,发生了翻天覆地的变化。

其城市格局,从"三面云山一面城"变为"一江春水穿城过";城市中心,从单一的"湖滨-武林",变为"湖滨-武林""钱江两岸""未科-云城"三足鼎立;城市性质,更是经历了从消费城市、风景城市,到工业城市,再到数字经济和科创城市的多轮迭代、进化。

在这过程中,杭钢、杭氧、杭丝联、杭一棉等那些曾经耳熟能详的杭州老牌大厂都到哪里去了?阿里巴巴的横空出世怎样深刻地改变了这座城市的产业走向和城市定位？杭州到底有没有实业，存不存在"脱实向虚"的问题？杭州"六小龙"又是怎么冒出来的？

要想回答这些问题，就需要以大历史的眼光来完整地回顾、梳理过去这100多年杭州城市的变迁、产业的迭代，才能够解释"六小龙"的诞生背景，理解杭州如何从达官显贵的销金窟一步步蜕变成为如今影响全国的数字经济第一城，进而在AI等前沿科技领域震撼世界，成为中国式现代化的一张名片、一个封面。

01
从销金窟到数字经济第一城

东南形胜，三吴都会，钱塘自古繁华。
烟柳画桥，风帘翠幕，参差十万人家。

北宋词人柳永的这首《望海潮》，写尽了杭州的旧日繁华。但是从"参差十万人家"一句可知，柳永笔下的杭州，指的是杭州城，而非杭州府，更不是如今的杭州市。事实上，三者并非一个概念，它们之间既有重叠的部分，也有不同之处。

杭州的地方行政建制最早可追溯到秦代。秦始皇统一六国后，在灵隐山麓设县治，称钱唐，属会稽郡。南朝梁太清三年（549），侯景升钱唐县为临江郡。到了南朝陈祯明元年（587），又改置钱唐郡。隋朝建立后，于开皇九年（589）废郡为州，"杭州"之名第一次出现。

不过此时的杭州，州治并不在后来的杭州城里，而是在余杭。直到两年后的开皇十一年（591），越国公杨素为了加强杭州的防御功能，"依山筑城"，组织民众依凤凰山建造州城墙，这是杭州首次建造州城。

南宋《乾道临安志》卷二《城社（门附）》记载："隋杨素创州城，周回三十六里九十步。"当时的杭州城垣南北狭长，北到今天的万松岭路，南到宋城路，西到凤凰山麓，东到中河，"有城门十二：东曰便门、保安、崇新、东青、艮山、新门，西曰钱湖、清波、丰豫、钱塘，南曰嘉会，北曰余杭"。另有保安、南水、北水、天宗、余杭五座水门，这便是杭州古城的雏形。因其形如腰鼓，杭州也被称为腰鼓城。

杭州最初下辖钱唐、余杭、富阳、盐官、於潜、武康六县。此后辖区几经变动，南宋后基本固定为辖钱塘、仁和、余杭、临安、於潜、昌化、富阳、新城（新登）、盐官九县。

到了唐朝，为避国号讳，其中的钱唐县改为钱塘县。吴越国时期又划钱塘、盐官两县地各半及富春县之两乡地置钱江县，后改名仁和县。不同于其他属县，钱塘、仁和二县因为没有独立的县城，县衙设在杭州城中，被称为附郭县。这种"府县同城、一城两县"的格局一直持续到清末民初，才发生根本性的变化。

变化主要体现在两个方面，一是清宣统元年（1909）沪杭铁路的建成，不但把杭州拉上了近代化的快车道，而且因为浙江铁路公司总理汤寿潜女婿马一浮的强烈坚持，终点站从原定的艮山门外被拉进城内的羊市街北端（即今杭州城站的位置），由此铁路线在清泰门北和望江门南打开了两处切口，杭州开始突破城墙的束缚，向外拓展。二是民国初年撤府存县，钱塘、仁和二县被合并为杭县。此后北洋政府、南京国民政府对地方行政设置进行了多轮调整，其中对杭州影响最大的莫过于民国十六年（1927）杭州市的设立。

中国历史上也曾有过"市"，比如据吴自牧《梦粱录》卷一三《两赤县市镇》载，南宋临安府城外环绕着浙江、北郭、湖州、江涨、半道红等15个市，有些市的税收高达十万贯，抵得上中西部一个府。但中国古代的"市"，是集市、草市的概念，而现代的"市"（city）则是舶来品。

关于谁是中国第一个现代意义上的建制市，学界其实存在争论。一种观点认为是清宣统三年（1911）11月29日正式挂牌成立、还选出了市长的南浔市。但因为南浔市成立仅仅三天后，全国各级地方政府组织规程下达，南浔设市不符合规定，奉令解散后仍称为南浔镇，"南浔市"前后只存在了70多个小时，时间太短，所以一般公认的"中华第一市"，是民国十年（1921）2月15日成立的、由孙中山之子孙科担任第一任市长的广州市。但当时的广州市，管辖范围仅限于广州城墙内和城外西关约24平方千米，不含乡村，更接近于如今市区的概念。

受广州的影响，随后汉口、上海、南京等地相继建市。杭州也于民国十六年（1927）4月，析出杭县城区及西湖，成立杭州市，直属浙江省，郊区仍为杭县，旧属杭州府的诸县直属于省，这是杭州置市之始。

杭州设市以后，各项城市建设加速推进。民国十六年（1927）5月，成立杭州市工务局，统筹城市建设，拟定干道支路宽度，设置干支路网，开始杭州系统的市政规划和建设。市区街道，依据主次，次第拓宽，行政区、商业区、住宅区、工业区、风景区等，分区合理，各得其所。

不过，要论杭州的现代化建设和城市化进程，其实早在杭州设市之前就已开始。

民国初年，在时任浙江民政司司长褚辅成的主导下，清代所修的杭州旗营（今湖滨一带，老杭州称之为"旗下"）被拆除，规划建设新市场。其间先后新建了东西向的迎紫路（即今解放路）、平海路，南北向的湖滨路（即今六公园至涌金门段）和延龄路（即今延安路）等4条一等柏油马路，吴山路、岳王路、钱塘路（即今众安桥至东坡路段）、东坡路等23条二等马路。可以说，今天杭州湖滨的路网格局就是当年奠定的。

同时，褚辅成将除道路、公园、学校用地外的全部土地，划成若干单位，分别标售给民众。至民国九年（1920），标卖的土地全部售完。由于道路的修建和市面的旺盛，新市场的地价节节攀升。当时所说的新贵，几乎都有机会购得。有的人甚至获得数十亩之多。一部分在杭传教士，亦大批购进，有的将土地转让与人，从中获得厚利；有的购得土地之后，再筹集资金，造起新式房屋及弄堂住宅出租。大规模以商业为目的的投机交易，而非自住的造房模式，标志着杭州现代房地产市场的正式诞生。

更重要的是，伴随新市场的开发，杭州市区与西湖再无间隔，也推动了杭州城市中心从中山路与河坊街的"四拐角"向湖滨转移。

民国十一年（1922），总长7791米的环西湖马路建成，与新市场贯通。湖滨有家永华汽车行，随即开出了从湖滨到灵隐的杭州第一条公交线。这样一来，新市场就越发兴盛了。旅馆业、饮食业、服务业、娱乐业和百货业，一时如云丛生；西湖饭店、湖滨旅馆、环湖旅馆、清泰第二旅馆、天香楼、知味观、功德林等餐饮酒家鳞次栉比,新新百货、张小泉剪刀店、圣亚美术馆、陈沅昌文具店、云飞自行车行、活佛照相馆等各种各样的专卖店数不胜数,每天吸引大量顾客光顾消费。

后来浙江省省长张载阳又在今延安路和仁和路交叉口,创建了大世界游艺场。这时的新市场,已然成为杭城最热闹的商业区。看戏、看电影、溜冰、吃饭、喝茶、泡澡堂、靠位儿(杭州方言"谈恋爱约会"),无论是游客还是杭州人,都把湖滨当作主要目的地。

北伐胜利后,浙江省政府为纪念统一、奖励实业、振兴文化,于民国十八年(1929)举办了首届西湖博览会。展会从6月6日开幕,一直持续到10月20日才闭幕,前后历时长达137天。其间,国内外代表团体来杭共1000多人,评出各等奖项3000余个,参观人数总计达2000余万人,堪称盛况空前。

与此同时,杭州的城市建设也因西博会的举办,得到了一次质的提升。马路宽了,路灯亮了,自来水通了,岳坟至灵隐的林荫道也开拓了,杭州开始粗具现代城市规模。但就西博会的举办目的"奖励实业"来说,作用反倒没有那么明显。

事实上,从晚清到民国,杭州虽然零星诞生了一些轻工企业,比如清光绪二十二年(1896),"南浔四象"之一的庞元济和杭州丁丙、王震元等集议并筹募股本,在今拱墅区桥弄街10

号成立了通益公纱厂，开启了杭州近代纱厂之先河；清宣统元年（1909），汤寿潜、王芍泉、冯畅亭、赵志诚、汤拙存和赵选青等人集资5万银圆，在海月桥畔创立杭州最早的火柴厂——光华火柴厂；民国十一年（1922），民族资本家俞丹屏在城北小河畔创立的浙江省第一家机械造纸企业——武林造纸公司，后被竺梅先、金润庠联合收购，更名为华丰造纸厂，是中国造纸产业的骨干企业。

但总体而言，在当时，杭州城市的主要性质仍是个商业消费性城市，是令上海的金融大亨、南京的高官要员乐不思蜀的温柔乡和销金窟。那时候一到周末，沪杭铁路、京杭国道（南京—杭州）就人满为患。今天的杭州北山路上，仍保留有大批民国达官显贵的别墅。较为知名的如"南浔四象"之首刘锦藻、刘梯青兄弟的坚匏别墅、孤云草舍，杨虎城的东山别墅，张静江的静逸别墅，陈布雷的乐庐，蒋经国的旧居，以及《申报》老总史量才为爱妻沈秋水所建的秋水山庄等。其中，孤云草舍与秋水山庄后来成为新新饭店的一部分。

杭州真正大规模、成系统的工业化，始于新中国成立以后。20世纪50年代，杭州市开展了第一轮城市总体规划。这一轮规划的编制工作从1951年一直持续到1957年，其间伴随国家总体方针的变化，杭州的城市定位和产业方向也经历了三个阶段的巨大调整。

最初，规划由杭州市建设局自行编制。他们根据"为发展工业事业服务；为发展风景，美化西湖，为劳动人民服务"的方针，在民国《建设杭州新都市计划》的基础上，着手编制城市规划，先后于1950年4月编制完成《杭州市新都市计划图（初稿）》，于1951年9月绘制完成《杭州市区域计划总图》。

1953年8月，在中央城市建设总局工作组的协助下，苏联专家穆欣来到杭州，指导编制《杭州市初步规划示意图》。这是杭州市学习苏联城市规划理论和方法编制的一个内容比较完整，具有一定深度的城市规划方案。

这一版规划提出了杭州的城市性质是以旅游、休养、文化为主，适当发展轻工业，逐渐建成一个富于艺术性和教育性的风景城市。虽然总体上还是延续了民国时代杭州作为风景城市的城市定位，突出了西湖风景区，深入挖掘地域特色，但彻底改变了1951年规划的城市布局和干道系统，欲以西湖阮公墩为轴线，形成一个面向西湖的布局结构，并且第一次明确提出"适当发展轻工业"的口号。

但城市发展就是这样，规划常常赶不上变化。两年后的1955年，随着中央提出发展沿海工业，杭州为了尽快从消费城市转变为生产城市，于是也抓紧在"一五"期间安排了一大批工业项目。

这些项目中，有些是通过对民国遗留下来的企业进行合营、改造、扩建。比如将原先浙江省规模最大的民族资本棉纺织工厂之一的通益公纱厂，改造成为杭州第一棉纺织厂，让它成为计划经济时代浙江省最重要的纺织企业之一。又比如1951年杭州市政府出资收购的位于刀茅巷的大冶铁工厂，起初改名为杭州铁工厂，1957年最终命名为杭州机床厂，是国内大型精密数控机床装备制造商，在磨床研发制造方面实力雄厚。而光华火柴厂也于1955年更名为杭州火柴厂，最兴盛时期职工1400人以上，年销售火柴超过80万件。

但更多的是新建项目，其中比较有名的包括：

浙江麻纺织厂（简称"浙麻"）：1949年9月在拱宸桥北运河东岸动工兴建，1950年8月1日正式投产。它是新中国成立后浙江省自主新建的第一个大型国有工厂，也是中国人自主建造的远东最大黄麻纺织基地，结束了中国麻袋依赖进口的历史。最盛时年产麻袋近1亿只，占全国麻袋总产量的四分之一，拥有当时国内唯一的黄麻纺织科研机构。

杭州制氧机厂（简称"杭氧"）：前身是创建于1950年的浙江铁工厂，位于艮山门外打铁关，1958年正式更名为杭州制氧机厂。它是新中国成立后浙江首家重工业企业，曾是亚洲第一家、世界第四家制氧机厂，中国最大的空分设备和石化设备开发、设计、制造、成套安装企业。

杭州炼油厂（简称"杭炼"）：始建于1951年，初期位于城北武林门古运河南端密渡桥西侧，曾是浙江省规模最大的炼油厂，也是当时国内技术最先进的白油企业。其所生产的白油系列产品是中国最早进入国际市场并获国家银质奖的石油产品之一。最辉煌时柴汽油产量达到亚洲之最。

杭州丝绸印染联合厂（简称"杭丝联"）：始建于1956年，厂址位于拱宸桥工业区。它是"一五"期间国家重点建设项目，是由周恩来总理亲自批准兴建的万人大厂，也是国内第一家集制丝、丝织、印染于一体的大型联合企业。作为当时全国规模最大、技术最先进的丝绸印染联合企业，杭丝联被誉为"亚洲第一"。

杭州农药总厂：始建于1956年，厂址位于杭州的东北郊，是一家以生产化学农药产品为主的国家大型二级企业、原化工部重点骨干企业，也是浙江省规模最大的农药生产企业。

在此背景下，杭州市建设局根据自然条件、城市现状以及技术经济发展状况，在苏联规划专家舍利沙夫、经济专家什别基尔曼、市政工程专家沙尔逊的指导下，于1957年3月完成了第一轮城市总体规划的最终修编和完善。相比1953年的版本，这一版规划中杭州的城市性质调整为"工业的、文化的、风景的城市"，工业的位置被放到了第一位。曾经的风景城市，开始了向工业生产型城市的艰难转型。

1958年，为了响应和贯彻中央提出的总路线方针和"大跃进"运动,杭州市建设局启动了新一轮的城市总体规划编制。按照"生活服务生产"的原则,突破了原有的规划区范围,优先布置工业区。

1959年,杭州又进一步提出,要"奋斗三五年",把杭州建设成为"以重工业为基础的综合性工业城市"。为此,全市工农业同时开展生产"大跃进",以工业为重点,尤其以重工业为中心。在此期间,更多的工矿企业,尤其是重工业及能源企业陆续建成投产,其中相对知名的要数:

杭州钢铁厂(简称"杭钢"):1957年动工兴建,1958年建成投产,位于半山地区。最初名为浙江钢铁厂,后经多次改名,于1966年12月正式定名为杭州钢铁厂。杭钢是浙江历史上第一家现代化钢铁工厂,曾拥有庞大的生产规模和众多的职工,它结束了浙江无法生产钢铁的历史,为杭州及浙江各地城市建设提供了大量钢铁产品。

杭州第二棉纺织厂(简称"杭二棉"):1958年始建,位于萧山,是浙江省最大的棉纺织厂,也是纺织工业部的重点企业。高峰期拥有职工9000人,厂区占地41万平方米,设备规模有纱锭108992枚等,年产纱线26000吨、坯布5900万米。

杭州汽轮机厂(简称"杭汽轮"):1958年建厂,位于拱墅区石桥路。建厂当年,仅用几个月时间就试制出浙江省第一台750千瓦电站汽轮机,被捷克专家赞为"茅棚里飞出的金凤凰",填补了浙江省在汽轮机制造领域的空白。

杭州发电设备厂（简称"杭发"）：1956年，杭州、上海两地22家私营小厂，在萧山城厢镇北郊组建了浙江农用机械厂和浙江电机厂。次年，两厂合并为浙江电机厂。1958年，再次改名为萧山电机厂，并试制成功中国第一台3000千瓦、1500转／分凸极式双水内冷汽轮发电机，为国家电力建设提供了重要的设备支持。1968年，工厂正式定名为杭州发电设备厂。

杭州半山发电厂：始建于1959年，厂址位于杭州市北郊大运河畔半山工业区。它是全国最早采用双水内冷发电机、汽轮机轻型基础和锅炉半露天式布置的火力发电厂，后来又成为国内首座百万千瓦级天然气发电企业。

杭州齿轮箱厂：创建于1960年，位于萧山，是中国第一家船用齿轮箱制造企业，填补了国内传动装置制造业的多项空白，曾和杭二棉、杭发并称为"萧山三大厂"。

至此，杭州在计划经济时代的工业格局基本形成，直到改革开放。

从1978年第三轮城市总体规划起，杭州的城市性质调整为浙江省省会所在地、国家公布的历史文化名城和全国重点风景旅游城市，不再突出强调工业尤其是重工业。相反，在城市空间布局上提出，"优化半山、拱宸桥、祥符桥和小河、古荡和留下、望江门五个工业区，调整工业结构，不再新建、扩建大中型工业项目"。

此后的第四轮（1993—2000年）、第五轮（2001—2020年）城市总体规划，杭州的城市性质也基本延续了第三轮的定位，只在具体措辞和顺序上有所调整。比如第四轮城市总体规划中，"国际风景旅游城市和国家历史文化名城"被放在最前面，然后是"长江三角洲重要中心城市"和"浙江省的政治、经济、科教、文化中心"。到了第五轮，则把"浙江省省会和经济、文化、科教中心"置于首位，在"长江三角洲中心城市"后面加了个"之一"，最后才是"国家历史文化名城和重要的风景旅游城市"。

尽管如此，乘着改革开放的东风，杭州的工业还是得到了进一步的快速发展。尤其是乡镇企业和民营企业的崛起，成为这一时期推动杭州产业继续前行的重要力量，杭州先后诞生了被誉为"萧山四大企业"的万向集团、传化集团、荣盛控股集团、恒逸集团，以及娃哈哈等一批知名企业。

虽然这些企业的起点普遍都不高，比如万向集团是生产锄头、镰刀、农机配件等起家的，传化集团最初就是家生产液体皂的家庭作坊，恒逸集团前身为萧山县衙前公社的社队针织厂，娃哈哈则脱胎于上城区校办企业经销部。但凭借浙江人"走遍千山万水、想尽千方百计、说尽千言万语、吃尽千辛万苦"的"四千"精神，这些企业不仅崛起为各自行业的龙头标杆，随着它们业务的升级、转型、拓展，还开始涉及汽车零部件、新能源、新材料、金融、科技等领域，也为后来浙江新兴产业的发展埋下了伏笔。

从20世纪90年代起，为了充分凸显作为风景旅游城市和历史文化名城的特点，杭州开始逐步调整全市的产业布局。主城重点发展以旅游服务、商贸金融、信息咨询为主的第三产业，以及高新技术等技术密集型产业。同时将下沙定位为第二产业的主要基地，滨江则重点安排高科技工业园区、科研机构、大专院校及其相应的居住用地和旅游设施，形成产、学、研、居、游结合的高标准现代化新城。

在这一过程中，大华技术、恒生电子、阿里巴巴、海康威视等一批如今国人耳熟能详的高新技术及互联网企业开始崭露头角。其所涉足的金融科技、电子商务、安防监控等领域，对于当时的杭州来说，都属于新兴行业。

而1996年和2001年的两次区划调整，则让杭州的市区面积扩大到原来的7倍多，从而为21世纪以来杭州各类新兴产业的全面爆发，城市竞争力的大幅提升提前预留出足够的发展空间。

在此之前，杭州市区面积仅有区区430平方千米，是当时全国省会城市中，市区面积第二小的城市。不得已，市里于1995年开口向代管的萧山、余杭两市借地开发。但这样做也有问题，不仅办事效率低，更重要的是因为财政分灶吃饭，市、县在利益分配上出现了纠结。县一级的财政直接对着省里，杭州市属的企业办在萧山、余杭，税收就要交在当地，但这又影响了杭州市本级的财力和发展，因而市级部门积极性不高。

这种情况下，杭州动了将萧山、余杭由县级市成建制转为市属城区的念头。当时有人提出，把余杭划成两个区，萧山划成三个区，加上老城区的五个区，共计十个区。这个方案经过2021年最新这一轮区划调整，倒是变为了现实（余杭分为临平、余杭两区，萧山分为萧山、滨江、钱塘三区），但在当时，由于阻力太大，未能实现。

妥协的结果是，1996年，萧山、余杭沿钱塘江两边各划出三个乡镇给杭州市区。

在当时，六个乡镇的划入，虽然使杭州市区面积扩大到683平方千米，但对于正在快速"长身体"的杭州来说，仍旧是杯水车薪，市区城市开发建设用地不足的问题依然没能得到彻底解决。于是到了2001年，杭州再度调整行政区划，将萧山、余杭两个县级市整建制撤市设区，市区面积一下子扩大到了3068平方千米。

这两次区划调整，使得杭州的市辖区范围第一次突破了原杭县的边界。杭州的城市格局也逐渐从过去的"三面云山一面城"，转向"一江春水穿城过"。这些都促使杭州市政府开始思考城市未来的功能定位和产业方向，而相关思考最终都凝结成了2000年《中共杭州市委党校学报》上的一篇文章——《杭州未来发展的战略选择》。

在这篇由时任杭州市市长仇保兴撰写的文章中，这位城镇化理论与城市规划研究专家首先指出了杭州相较其他城市，面临的各种发展限制条件：

没有宁波、大连等天然良港，没有发展港口经济的优势；没有像苏州那样有一个新加坡工业园区，利用外资的数量仅为苏州的五分之一；没有温州、台州、绍兴等民营经济蓬勃发展的优势，在温台绍地区，国有企业仅占其经济总量的6%，而杭州却占40%左右，全省一半左右的退离休职工、下岗工人在杭州；没有大上海作为全国经济、金融、商贸三大中心的优势来集聚全国大企业；作为一座国际旅游城市，杭州又没有北方大城市环境容量大，可设立大型化工、炼油等工业基地的优势。

当然，杭州也有自己的优势。比如科技人才数量的优势，宜人居住的环境优势，休闲旅游的优势，吸引未来人才求知就学的优势，地处中国经济最发达的长江三角洲的区位优势等。这些优势，在若干年后，成为杭州问鼎中国"第五城"的关键软实力与核心竞争力。

基于对杭州自身优、劣势的分析，仇保兴认为，杭州未来发展须确立人力资源密集型的发展战略，要加快引进潜在的人力资源、集聚主导产业的人力资源、激活现有的人力资源、善用企业内部的人力资源、促进人力资本自我优化。他还借用著名经济学家吴敬琏的观点,指出杭州应该是而且必须是浙江省在知识经济时代发展的火车头,成为或争取成为中国硅谷的历史责任有可能落在杭州身上。

如今回头来看,当初杭州市为了发展人力资源密集型产业所采取的措施,比如,在下沙、滨江、小和山等处规划建设大学城;支持浙江大学、浙江工业大学、杭州电子工业学院(现为杭州电子科技大学)、浙江中医学院(现为浙江中医药大学)等理工大学建立大学科技园区;将IT和生物制药、中药提纯这两大新兴产业作为优先集聚的产业;加快网络基础设施建设,争取在杭州建立区域性数字化特区;鼓励大学生、科研人员以及企事业单位的科技人员创业;建立创业联合协作投资网络,帮助高科技小企业导入创业板……虽然其中有个别措施(像是在杭州建立区域性数字化特区)没能成功,但绝大多数都实现了预期目标。

特别是"鼓励人才流动和人才引进"这一点,早在2001年,杭州市政府颁布的〔2000〕1号文件就清楚规定,只要具有学士学位的人来杭州自主创业,就可以直接到工商局办理营业执照,工商局是并联审批,申请人一般几天时间就可以拿到执照。然后申请人凭执照到公安局办蓝印户口,有了这个蓝印户口就可以享受市民的一切待遇，两年以后证明其有创业能力的，就可以转成杭州的正式户口。有硕士学位的人就不要走这条路了，直接就可办理入户手续，而且其配偶子女也可以直接入户杭州；有博士学位的人连其父母也可以直接入户。

这项规定既降低了落户门槛，又鼓励了人才创业。在接下来的20多年里，这两点因素相互交织、螺旋上升，不断推高杭州的人口吸引力和城市创新力。最终，杭州于2019年创下55.4万人的人口增量纪录，一举超过领跑全国城市人口增长近十年的广州和深圳，登顶当年全国人口增量第一城。

最近这几年，杭州年均人口增量一直保持全国前列，全市人口总量节节攀升。2016年，杭州常住人口超过温州，成为浙江人口第一大市；2019年，全市人口突破千万大关；2023年，城区人口超过千万人，成为继上海、北京、深圳、重庆、广州、成都、天津、东莞、武汉之后，全国第十个超大城市。

在杭州的带领下，这些年浙江全省人口增长情况喜人。2020年第七次全国人口普查时，浙江是全国全部地级市人口均实现正增长的三个省份之一。而且与另两个省（区）西藏、贵州主要依靠本地人多生育不同，浙江的生育率非常低，人口增长主要靠外地人才流入。这一点在2024年的人口数据中体现得更加明显。

自2022年全国人口总量增长由正转负后，绝大多数省份常住人口都呈现下降趋势。浙江不仅是少数继续维持正增长的省份，而且连续多年增量位居全国第一。2024年虽然增长总量被广东反超，但仔细分析浙粤两地的人口增长数据不难发现，广东新增的74万人口中，有47万人来自本地人的自然生育，外来流入只有27万人。而浙江正好反过来，本地自然增长为负的2.4万人，体现外来人口流入的机械增长却高达45.4万人。不仅如此，浙江还是全国唯一的全部地级市人口均实现正增长的省份，名副其实的全国最具人口吸引力省份。

当然这些都是后话，但也不得不佩服杭州的远见。事实上，为了更好地提升城市形象、吸引人才、给新兴产业的发展腾地方，从2000年起，杭州便掀起了一轮大规模的城市改造。这一时期比较知名的事件包括西湖拆违透绿、西溪综保、湖滨改造、中东河治理等。但其实，这里面很多都是延续了20世纪80年代杭州主政者的做法。真正对杭州未来产业经济发展产生深远影响的，是将一大批建设于20世纪五六十年代的国有制造业工厂关停或搬迁，让它们纷纷退出杭州市区。

像前面提到的杭州第二棉纺织厂，1998年被法院裁定破产；浙江麻纺织厂，2000年改制破产；杭州火柴厂，因旧城改造，于2003年从杭州主城区迁移到淳安文昌镇；杭州第一棉纺织厂，2008年结束生产，其部分老厂房在拱宸桥桥西历史街区保护性开发过程中被改建成中国扇博物馆、手工艺活态展示馆；杭州制氧机厂，2009年正式迁入临安；杭州钢铁厂，2015年关停后其钢铁主业部分迁往了宁波，原先半山基地的部分工业遗存被改造为杭钢旧址公园；华丰造纸厂，2017年5月原地关停，企业整体搬迁至湖州安吉；杭州机床厂，2018年实施战略重组并启动浦江智能制造新基地建设，2020年10月，其智能制造基地正式入驻启用；杭州汽轮机厂，2020年5月搬迁去了临平……

让国有制造业工厂退出杭州主城区的举措，虽然也曾被批评为杭州过度"退二进三"（这里的"二"和"三"分别指的是第二产业和第三产业）、去工业化，哪怕后来"阿里系"崛起，带动杭州产业经济和城市吸引力迈上大大一个台阶，杭州也未能逃脱"脱实向虚"的指责。但随着2025年年初"六小龙"的爆火，相关非议逐渐烟消云散。人们发现，杭州在高新科技领域原来是个扫地僧般的存在，这些年都错怪杭州了。

事实上，杭州的科创蓄能早在2010年成立海创园、2011年兴建未来科技城时便已开始。在此基础上，2016年杭州城西科创大走廊横空出世。两年后的2018年，杭州又喊出打造全国"数字经济第一城"的口号。在这个过程中，杭州在科研创新方面的投入持续增长，人才奖励和创业扶持的力度也不断加码，逐渐形成了"高校系""阿里系""海归系""浙商系"的"创业新四军"，城市产业结构和能级地位都发生了跃进式的蝶变。

早在这一波"六小龙"爆火之前，杭州就已经因为在城市资金总量、税收总额、上市公司、民营企业500强和独角兽企业数量等关键指标上表现突出，杭州的这些进步，最终也得到了国家层面的认可。首先，就是过去十年，国家先后将2016年G20峰会和2022年亚运会这两大重要国际性大会的举办地放在了杭州，从而有力地扩大了杭州的国际知名度。

其次，体现在杭州城市定位的持续提升。比如2024年10月国务院批复的《杭州市国土空间总体规划（2021—2035年）》（杭州第六轮城市总体规划）中，杭州的城市性质变为浙江省省会、东部地区重要的中心城市、国家历史文化名城、国际性综合交通枢纽城市。对照前两轮杭州城市总体规划，"长江三角洲中心城市"变成了"东部地区重要的中心城市"，另外新增了一个"国际性综合交通枢纽城市"。同时在城市功能上，杭州被赋予唯一一个"全国数字经济创新中心"的称号，由此可见杭州在数字经济方面的领跑地位。

回顾过去这100多年，从消费城市、风景城市，到工业城市，再到数字经济和科创城市，杭州的城市定位与产业结构经历了三轮迭代，城市人口和城区面积更是扩大了多倍。应该说，目前的杭州正处于历史上相当好的发展时期。未来杭州能否更上层楼，真正坐稳"第五城"宝座，甚至跻身一线城市，关键就看现代高新科技产业的发展。

那么，杭州目前的高新科技产业格局是如何形成的？这背后有哪些必然的因素和偶然的故事？未来又是否会诞生更多的"六小龙""六小虎"呢？

02
杭州科创中心的南移与西进

在杭州环城东路与庆春东路的交汇处、古庆春门里，隐藏着一处古城墙陈列馆。陈列馆里最吸引人的，是一幅巨大的《杭州十大城门民谣图》墙绘。画中记录的城门民谣，很多老杭州人至今仍能说出一二：

> 百官门（武林门）外鱼担儿，艮山门外丝篮儿，凤山门外跑马儿，螺蛳门（清泰门）外盐担儿，草桥门（望江门）外菜担儿，候潮门外酒坛儿，清波门外柴担儿，涌金门外划船儿，钱塘门外香袋儿，太平门（庆春门）外粪担儿。

这首民谣之所以脍炙人口、广为流传，是因为它生动记录了明清时代杭州十大城门外的不同商业聚落生态，可以说是杭州最早的产业分布图。而仔细分析这张分布图背后的成因，我们甚至能依稀窥见后来杭州产业格局的脉络走向。

比如武林门外之所以遍布鱼担儿,是因为过去西湖水通过武林门外的圣塘闸流出,流入北山街北侧的古新河,沿河道流淌至左侯亭汇入大运河,武林门区域由此成为西湖和大运河两大水系的交汇处。凭借这一水运交通的优势,自隋代以来,武林门至拱宸桥一带就一直是杭嘉湖等地重要的物产集散地。

宋代,这里曾出现过江涨桥市、湖州市、半道红市等繁华市场。研究者普遍认为,今天杭州湖墅地区的名称,即来自湖(州)市;明朝,该地区又先后设立北新关市、夹城巷市、宝庆桥市、德胜桥市等重要市场,像"北关夜市"还被列入"钱塘八景"之一。这些商贸市场中,最著名的除了卖鱼桥的鱼市,就是米市巷一带的米市。

早在南宋时,本地就有谚语称:"东门菜,西门水,南门柴,北门米。"这倒不是说北门外是杭州的粮食主产区,事实上,杭州城的用粮主要靠外调。当时苏(州)、常(州)、松(江)、湖(州)等地的粮食,均通过运河船运至湖墅,而杭州城里的米行也都跑到湖墅来进货。

据钟毓龙《说杭州》里的记载:"清末民初,杭州之米多来自安徽巢湖一带,米市集中于湖墅之珠儿潭,北来之粮船多泊于此。抗战前,每日约到七八十船,每船所载,少则百担,多则二三百担。"那时的湖墅米市,已成为浙江杭嘉湖三地最大的米市。

此外，湖墅地区还汇聚着众多土纸、锡箔行业，人气极为旺盛，因此也有了"十里银湖墅"的美誉。今天的杭州拱墅区，其名就是从拱宸桥与湖墅各取一字而形成。也正是凭借水运便利和区位优势，拱宸桥地区后来又成了近代杭州民族工商业的发源地。

清光绪二十一年（1895），杭州士绅丁丙与吴兴南浔商人庞元济筹资30万两白银，在拱宸桥桥西如意里创建了杭州第一家近代缫丝厂——世经缫丝厂，该厂成为当时中国人自办的最大的缫丝厂，也是浙江历史上第一家机器丝织厂。该厂安装自备发电机，首创夜班照明，成为浙江省亮起第一盏电灯的地方。

次年，丁丙、庞元济等人又集资40万两白银在世经缫丝厂附近开办通益公纱厂，后该厂发展成为20世纪初浙江省规模最大、设备最先进、最具社会影响力的近代棉纺织工厂之一。

清光绪二十六年（1900），商人庄诵先在拱宸桥创办利用面粉厂，使用机器磨面，是浙江早期创办的面粉厂之一。

20世纪初，铁路兴起，和很多因为铁路取代水运而衰落的地方不同，拱宸桥及时搭上了这趟新的时代列车。清光绪三十三年（1907），连通江干闸口至拱宸桥、全长16.135千米的江墅铁路建成。这是浙江历史上的第一条铁路，拱宸桥因此比杭州城还早了两年通铁路。

靠着火车的带动，此后的拱宸桥区域，造纸、染炼印花、碾米、烛皂、制伞等各类工业更是如雨后春笋般蓬勃而生。据民国二十一年（1932）杭州市政府社会课的调查资料，该年仅湖墅、拱埠地区的碾米厂就有正大、恒大等25家，占杭州市碾米厂总数的近三分之一。

因为有这些基础，所以中华人民共和国成立以后，当杭州为了尽快从消费型城市转变为生产型城市而开始大量布局工业时，拱宸桥便成为首选之地。从1951年的《杭州市区域计划总图》中可以看到，以拱宸桥为核心的城北运河区域被规划为主要工业区，集中分布着杭钢厂、杭玻厂、浙麻厂、杭一棉厂、红雷丝织厂、杭州炼油厂、半山电厂等一批大厂。

与此同时，为了培养工业建设所需的各类人才，杭州又在城西古荡一带规划了文教区。1954年7月12日—16日，在杭州市第一届人民代表大会第一次会议上，时任市长吴宪在市政府工作报告中特意提及："为了尽可能满足人民对文化教育日益增长的要求，今年已在拱墅、江干两区新建中学二所，在市区新建小学八所。一个以古荡区为中心的占地810公顷的文教区，正在兴建中。"

此前这里是一片地广人稀、田园风光的景象，但随着文一路、文二路、文三路及学院路、教工路等纵横道路的贯通，越来越多的高校陆续开办或迁入，城西文教区迅速热闹起来。

虽说为了避免学校过分集中，1957年版的城市总体规划中也提及，在城东庆春门外华家池农学院附近、城北运河、上塘河间增辟了文教区用地，但直到2000年下沙高教园区启动建设前，杭州近九成大学均集中于城西文教区。其中比较知名的包括浙江大学、浙江工程学院（现为浙江理工大学）、杭州电子工业学院（现为杭州电子科技大学）、杭州商学院（现为浙江工商大学）、浙江财经学院（现为浙江财经大学）、中国计量学院（现为中国计量大学）、杭州应用工程技术学院（现为浙江科技大学）、杭州广播电视大学（现为杭州开放大学）、浙江教育学院（现为浙江外国语学院）、杭州师范学院钱江学院（现为杭州师范大学钱江学院）等。这里也因此成为杭州年轻人最多、人才密度和科技含金量最高、最有朝气也最富创新创业精神的地方。

早在改革开放初期，城西文教区便已是国内重要的电子信息产业集聚地。除了成功研发国内第一台数字彩色电视机的杭州电视机厂和由其兴办的杭州电子市场，这里还盘踞着一批国家队——文三路上的中国磁记录设备公司，是国家第一批布局的电子信息企业，其生产的286、386电脑，曾帮助"85后"这一代的小学生搞清楚了，计算机和计算器原来不是一回事；而文三路以北、马塍路北端的电子工业部第五十二研究所，则是海康威视的母公司。

也正是靠着这些高校院所、科研单位的加持，1990年城西文教区被市政府选中成为杭州高新技术产业开发区的诞生地。在当年5月5日《杭州日报》的头版上，记者曾如是报道："本市天目山路以北，莫干山路以西，余杭塘河以南，教五路以东约9平方公里的古荡—西溪地区，以及浙江大学、浙江农业大学两个点，将建立起杭州高新技术产业开发区，开发的重点是电子信息技术、生物技术、新材料技术和节能新技术等。这是昨日省市科委联合在新闻发布会上宣布的。"

同年10月，国家科委在北京举办全国高新技术产品展览会，时任国务委员宋健等人参观了杭州展区，印象很好。当杭州提及建设"天堂硅谷"的想法时，宋健当即认可，并以此作为对杭州高新区发展的期许。由此，"天堂硅谷"就成为杭州高新区的一张金名片。

1991年春天，国务院12号文件批准全国27个开发区为第一批国家级高新区，设立仅一年的杭州高新区成功入围，成为浙江省第一家国家级高新区。

杭州高新区的设立，进一步刺激了城西文教区高新科技产业的发展和片区的蝶变。在接下来的几年里，"大哥大"的生产商东方通信接手了杭州电视机厂的预留地，建起东方通信大厦，而后者原先的厂区则变身为数源科技。一同消失的老厂还包括杭州电子元器件厂、杭州西子电表厂、杭州仪表厂等，它们当年的所在地，如今分别以立元大厦、颐高旗舰广场和德力西大厦的名称为人们所熟知。

很多后来名扬天下的企业家,最初就窝在城西文教区的遍地厂房里,比如创办了中国大陆境内第一家集成电路上市公司——士兰微电子的"七君子",曾经的办公地就租在余杭塘路、文一路之间民生药厂对面的保亭村标准厂房里;中国互联网上市第一股——网盛生意宝的孙德良,也是揣着两万元钱从文三路的村集体厂房里起家的。而伴随科技企业的蓬勃发展,很多当年靠出租厂房赚得第一桶金的村集体,此时也纷纷转型盖起了大厦,像华星时代广场、华星科技大厦,就是古荡湾村的产业,而杭州电子商务大厦、杭州数字娱乐产业园,则归属于益乐村。

不过,要论此地诞生的最知名的企业,还得数九次搬迁都没有离开文教区的阿里巴巴。

众所周知,阿里巴巴创立于1999年6月28日,最初的办公地点就在城西文教区湖畔花园风荷苑16幢1单元202室马云的新房里。但其实,"十八罗汉"在湖畔花园仅待了没多久。当年8月,马云成功拿到高盛等500万美元的风投后,就带领阿里巴巴团队,离开了湖畔花园的发家之地,将公司迁到华星科技大厦。此举也标志着,阿里巴巴"华星时代"的正式开始。

"阿里巴巴最令人骄傲的是涌现了华星文化。"2018年出版的《阿里巴巴与四十大道》一书中记录了马云对那段创业的总结。跑过了濒临倒闭的危机，跑过了互联网泡沫后的凛冬，终于跑到了电商爆发的快车道上。2003年，阿里巴巴每天收入100万元，2004年每天利润100万元。电商交易逐步形成了信息流、资金流服务。人们在这里相遇，产生交易。那个时候已经有人前往阿里巴巴参观学习了，马云如果不在，他的办公室还可供参观者拍照留念。

也是在2003年，支付宝团队从淘宝网独立出来，并在"苗人凤"倪行军的带领下搬去了华星科技大厦800米外的"创业大厦"。之后，随着人员规模扩大，业务部门分拆，西湖国际科技大厦、华星世纪大厦、华星时代广场、中小企业大厦、瑞利大厦、黄龙时代广场、华星现代产业园，都留下了阿里人奋斗的足迹。哪怕2009年已经上市的阿里巴巴B2B公司6000人搬迁到了滨江园区，当时业务蒸蒸日上的淘宝、支付宝等子公司依然留在了华星路。一直到四年后淘宝城竣工，1万多人才离开华星路一带集体搬去未来科技城。

打开地图不难发现，阿里巴巴的这些办公点基本都集中在华星路和万塘路沿线。主观上这是马云为了集中管理，方便公司各部门之间开展业务交流合作，但客观上它们也构成了高新区半径1千米范围内的商业森林。

当然，对于2003年的城西来说，最重要的事件莫过于10月23日文三路电子信息街区正式开街。

当时,直属市里的杭州高新区已经如火如荼地发展了十多年,这让所在地西湖区也摩拳擦掌,跃跃欲试。当时遇上非典,因为抗疫需要,杭州高新区将手头的信息数据向西湖区开放,西湖区方面由此拿到了所有注册地在文三路街区的企业数据。在经过了一番详细的调研后,西湖区成立了由常务副区长任组长的文三路电子信息街区建设领导小组,借助文三路街区道路改造提升的契机,把东起莫干山路,西至丰潭路,南抵天目山路,北到余杭塘路,总面积11.44平方千米范围整合设立文三路电子信息街区。

文三路电子信息街上汇聚了杭州高新电脑城、颐高数码广场、高新数码城、颐高旗舰广场、西溪数码港等大型IT卖场,形成了以"产、学、研合作,科、工、贸一体化"为特色的市场、楼宇、园区三大产业集群,和以计算机、数码产品、电子元器件、软件为主的四大产品系列,成为华东最具人气的IT一条街,以及华东信息技术产品的集散中心。

文三路电子信息街的高光时刻出现在2009年,该年的10月23日,也就是文三路电子信息街区6周岁生日当天,微软在此举办了Windows 7产品的中国首发会。现场,10名幸运的消费者得到了时任微软全球资深副总裁张亚勤亲笔签名的Windows 7产品。后者在发言中表示,"Windows 7是个里程碑式的产品",而对于杭州,特别是文三路电子信息街来说,能成为Windows 7

的中国首发地，同样是个里程碑式的时刻。

从此，江湖上开始流传起"北有中关村，南有华强北，中间一条文三路"的说法，文三路电子信息街也和"丝绸街""吴山路"一道，成为杭州商业特色街区的又一张"金名片"。

但有道是"水满则溢，月盈则亏"。随着各类科技企业的越聚越多，城西渐渐容纳不下。正巧赶上1996年杭州区划调整，原属萧山的浦沿、长河、西兴三个乡镇划归杭州市区，并在之后设立新的滨江区。于是市里决定在长河与浦沿之间划出一片10.5平方千米的区域给杭州高新区，设立滨江工业园区。2002年杭州市政府索性将整个滨江区与杭州高新区合并办公，实行"两块牌子、一套班子"，既按开发区模式运作，又行使地方党委、政府职能。2009年杭州市又决定，把萧山临江围垦区内滨江区所属约8平方千米土地经置换整合成高新区江东科技园。

经过这三次扩容，杭州高新区最终形成了"一体两翼"的格局，不仅使高新技术产业有了新的发展空间，还使"沿江开发、跨江发展"有了新的重要平台，从此走上了跨江发展的"快车道"。阿里巴巴、海康威视、新华三等知名企业迅速成长，恒生电子、安恒信息等一大批高新企业纷纷入驻，共同书写了"有梦过江来"的佳话。而滨江也逐步形成了以数字经济和制造业双引擎驱动的产业集群，并助推杭州高新区保持在国家高新区第一方阵的水平。

直至今天，滨江区仍是杭州的科创高地。特别是西兴街道，因为集聚了阿里巴巴、吉利、海康威视、中威电子以及"六小龙"之一的宇树科技等众多高新科技企业，在这两年中美科技竞争中意外走红，有网友戏称"中美科技战，其实是美国与深圳粤海、杭州西兴两个街道办的恩怨"。虽然其中不乏幽默调侃的因素，但不可否认的是，21世纪的第一个十年，伴随滨江的崛起，杭州的科创中心渐渐从城西文教区向钱塘江南岸转移。

而下沙大学城的兴建，则是对城西文教区的另一个冲击。

2000年年底，为了配合杭州市提出的"城市东扩、旅游西进"战略，位于城东的下沙高教区启动建设。次年10月，包括现在的浙江理工大学、杭州电子科技大学在内的第一批六所大学在下沙开门迎新。此后几年，30万莘莘学子陆续搬离盘桓了半个世纪的文教区，迁往下沙、滨江、小和山等处。随着区内高校一所接着一所地外迁，文教区开始变得"名不副实"。

与此同时，从2010年下半年开始，伴随西湖区的行政机构改革，文三路电子信息街区也渐渐淡出了历史舞台。

而承接了大部分文教区外迁高校的下沙，却也没能成为第二个"高新区"。相反，城西更西处开始积蓄力量，并最终在21世纪的第二个十年爆发出巨大的科创能量。而起因则可追溯到城西文教区高校中的一个异数——浙江大学。和其他大学纷纷东进不同，浙大当年选择西进去了西湖区三墩镇的紫金港安营扎寨，并先后规划布局了浙大科技园、浙大网新软件园等多个产业园区，从而为之后杭州的"科创西进"埋下了伏笔。

后来城西科创大走廊上的两大科技城，都跟浙大的这次"西迁"有关。紫金港科技城就不用说了，它完全是依托浙大紫金港校区规划建立的。未来科技城板块的前身"仓前高新技术产业区块"，最初也是为了承接浙大优质科技成果的转移与辐射所设立的。不过，要说带动西部崛起的"第一推力"，那还得归功于来自城北的工业大厂。

本章第一节曾提到过，2000年左右，伴随杭州主城纾解重化工业，包括杭氧、杭叉、杭州重机厂等在内的很多原先聚集于城北地区的大型企业关停或外迁，其中外迁的很多都去了临安青山湖。所以后来青山湖科技城也成为城西科创大走廊上建立的第一座科技城。

而随着大厂的外迁以及青山湖科技城的设立，隔三差五就会有浙江省里的领导从市区出发，过境余杭，前往青山湖视察工作。没想到一来二去，余杭西部这片未开垦的处女地竟然引起了省里领导的注意，觉得可以利用起来，作为开发建设的大平台。

恰巧彼时国家出台政策，鼓励招揽海外高层次人才，浙江也以此为契机，正在谋划自己的海外高层次人才创新创业基地。据说省里最初有意将海创园放在青山湖，但因为那里已经聚集了一批大型装备制造企业，调整起来比较麻烦，而余杭离城近、区位好，又是一块白地，规划方便、包袱小，最终脱颖而出。这也成为这片土地"逆袭"的开始，更多命运的垂青将在接下来的岁月里纷至沓来。

海创园规划之初，仅仅只是被当作单个园区项目来操作，并无"造城"的打算。后来因为中组部、国务院国资委召开海外高层次人才会议，提出要在全国布局四个海外高层次人才引进基地，并统一命名为"未来科技城"。和入选的北京、天津和武汉三地未来科技城清一色都是央企主导、"国家队"唱主角不同，浙江最终凭借"海外高端智力＋本地民营资本"的独特优势，成功入选。

有了未来科技城这块金字招牌，省里立即着手将海创园的范围拓展到3平方千米。其中，除了启动区块212亩由政府负责打造，其余的皆通过招商形式，引入社会力量。在此基础上，整个余杭组团随后也都被囊括进来，改由省里主导，实行省、市、区三级共建——省里给政策，省、市对口支援，区里负责执行。

2011年3月底，《杭州城西科创产业集聚区发展规划》获省政府批复；同年12月，未来科技城（海创园）正式挂牌。绕城以西这片沉睡千年的鱼米之乡、瓜果之地，就此被时代唤醒。在这一过程中，2013年淘宝城的入驻，无疑算是大城西崛起最标志性的事件。

多年以后，马云曾这样回忆自己与未来科技城的那次邂逅："我考察了很多区域，只有像余杭这个地方，特别适合我们企业的发展。余杭具有很浓厚的文化底蕴，环境特别优美，离西溪湿地非常近，我那天去考察的时候就发现，这个地方天生就是一块非常好的创业之地，而且我自己也觉得，我梦想中的创业就应该从这个地方起来，我们要打造一个淘宝城，把整个产业的发展都放在那里。"

而这次邂逅的一个时代背景是，2007年，杭州在第五轮城市总体规划中提出了"一主三副六组团"的城市空间结构。余杭西部的仓前、五常、老余杭、中泰、闲林五个镇街的部分区域，被打包划入余杭组团，并于2008年正式挂牌，成为杭州第一个设立管理机构的组团。随后，余杭方面便开始了紧锣密鼓的招商工作。

起初，招商进展得并不顺利。对外，很多地方的人们压根没听说过余杭；对内，如果去杭州其他区招商拉客户的话，又难免给人挖墙脚的不良印象。

好在此时，杭州另一个科创高地——滨江，在经过十多年高强度的建设后，土地开发已趋于饱和，产业转移不可避免。于是余杭相关负责人便带了四五个人简装过江，与当地的相关高新科技企业进行接触。

他们成功招揽到的第一家企业是恒生电子。作为国内重要的金融软件和网络服务供应商，恒生电子2003年在上海证券交易所主板上市后，董事长彭政纲便一直想搞一个专业园区，用于发展电子商务等新业务。无奈公司总部所在的滨江区土地资源紧张，实在找不到合适的场地。恰巧此时，遇到上门求贤的余杭区一行人，双方一拍即合，便有了如今的恒生科技园。

相比恒生电子这类成熟产业，余杭区第二个签约的阿里巴巴淘宝项目，一开始大家对其B2B模式都有些看不懂。这也是阿里巴巴之前接触过很多地方，从杭州市内的几个区，到省外的一些城市，但屡屡碰壁，始终定不下来的原因。之所以最后落户余杭，说来也是凑巧。有一次阿里巴巴一帮高管来城西考察，正好本地有家房地产公司的老板与其交熟，便将他们一行介绍给余杭区领导认识。

当时，淘宝的B2B业务刚起步，企业还处于亏损状态。所以对其提出的450亩的巨大用地需求，余杭方面很是谨慎，区领导多次讨论研究。为了搞懂B2B模式究竟是怎么回事，余杭区还组织了人马上网搜集信息以及找到行业专家对其发展前景进行预测。有专家提出，未来B2B业务将会以年均20%的速度增长，这一点后来被作为重要论据，放到区委常委会进行讨论，并最终统一了大家的思想，领导们决定大胆引进淘宝。

尽管接纳了阿里巴巴，但土地是不可能白送的。根据余杭区一位退休老领导的回忆，批给淘宝的450亩地中有380亩是工业用地，定价48万元一亩，相当于当时的片区综合价。另外用来建宾馆设施的70亩商业用地，一开始标价70多万元一亩，最后有些地块的成交价甚至超过了100万元一亩。"总之政府方面没有吃亏，更不存在白送之说。"

2008年2月5日，阿里巴巴（中国）有限公司和余杭区政府正式签约，启动淘宝城项目建设。签约仪式上，阿里巴巴高层保证，"五年后淘宝网上交易额将达到1万亿元，成为一个大的经济体"，这令在场的领导很意外。当然也有一些人认为阿里巴巴在说笑话。结果到了2012年，淘宝的交易额果然突破了1万亿元，比原计划还提前了一年。

阿里巴巴带来的震撼当然远不止交易额的增长。随着2013年8月阿里巴巴西溪园区（淘宝城）一期落成，约1.2万名员工浩浩荡荡进驻园区，余杭西部过去那种熟悉而宁静的乡村氛围被打破了，未来科技城开始有了类似市区的喧闹。

在此之前，虽然海创园已经汇聚了不少创业团队，但大多属于小而美型的，每家公司的员工人数都不多。可阿里巴巴不同，一下子涌进来一万多人，相当于一个小镇的规模，其所带来的冲击和改变可想而知。它也成为余杭冲刺"浙江经济第一区"的起点，甚至扭转了杭州的发展方向。从那时起，杭州市民的目光开始从城市东面转向西部，"旅游西进"的旧方针日渐被"科创西进"的新口号取代。城西无论是经济总量还是产业质量，都逐渐赶上城东。余杭GDP更是在2018年一举反超萧山，登上了"浙江第一区"的宝座。

除了经济总量上的狂飙突进，这一时期余杭的产业结构、科创实力也得到了质的提升。其中主要归功于以浙大校友所组成的"高校系"，以海创园为主要平台吸引回来的"海归系"，以浙江本土企业为代表的"浙商系"，以及最新落户、就地繁衍的"阿里系"——就在入驻淘宝城的第二年，阿里巴巴集团赴美上市，不仅创造了史上最大IPO纪录，也催生了一大批亿万富豪。随着他们将手中的股权相继套现，不少人有了创业的打算。刚巧国家也正在大力倡导"大众创业、万众创新"，如何承接住这波创业溢出效应，当时浙江省里的主要领导将目光投向了特色小镇。

2015年3月28日，东起杭州师范大学、西至东西大道、北抵杭宣铁路、南达余杭塘河，占地3平方千米的"梦想小镇"正式开园。开园当天，就有80家企业首批入驻。这些企业中后来走出了遥望科技、青团社等知名行业龙头。此后十年间，梦想小镇通过"创业先锋营"累计培育独角兽企业2家，准独角兽企业24家，专精特新"小巨人"企业7家，专精特新中小企业31家，国家高新技术企业205家。相比为未来科技城赚得巨大眼球效应的阿里巴巴淘宝城，可以说，是梦想小镇让未来科技城真正"未来""科技"了起来。

以它为起点，2017年推出人工智能小镇，2018年推出健康谷，2019年推出双创大会，2020年推出三大实验室、数字健康小镇……进入高速发展阶段的未来科技城，产业生态不断完善，每隔一阵就会冒出一个新IP，吸引一批相关领域的人才。

数据显示，2011年年底至今，未来科技城的常住人口从最初时的不到7万人，猛增至如今的50多万人，从只有当地土著到汇聚了天南海北的创客，从很少几家传统型企业到科技型企业扎堆，区域界面从一片田园到高楼林立……因为成长速度太过惊人，原有的土地空间装不下，于是2017年、2020年，未来科技城两次扩容，管辖范围由最初时的113平方千米扩大到128.3平方千米，重点建设区域则从39平方千米变为49.5平方千米，新增了南湖小镇及菜鸟总部两块区域。

伴随着产业的崛起、人员的汇聚、地盘的扩大，各种城市基础配套设施也涌向城西。短短几年间，文澜未来科技城学校、学军中学海创园学校、人大附中杭州学校等优质学校进来了，浙医一院余杭院区等医疗资源落地了，西溪印象城、万达广场、欧美金融城等大型综合体一座座拔地而起，5号线、16号线、3号线、机场快线等一条条地铁线路陆续开通……特别是2019年杭州西站枢纽的开工建设，补齐了绕城以西板块公建的一块短板。

如果说2001年杭州大剧院打下第一根桩基，吹响了城市东扩的号角；那么18年后，当西站枢纽覆上奠基的第一锹土，杭城西进的新篇章便开启了。

配合西站的动工，杭州开始谋划高铁新城的开发建设。按照市政府最初的批复，西站高铁新城的规划总面积约13平方千米，仅相当于城西科创大走廊三大科技城中面积最小的紫金港科技城（约21平方千米）的六成。但随着开发的持续推进，2020年4月，杭州市委财经委会议决定扩大高铁新城的范围，规划建设云城。云城东至绕城高速、西至南苕溪、南至余杭塘河、北至杭长高速，围合区域约58平方千米，其中余杭区约46平方千米、西湖区约12平方千米。

关于为什么要叫"云城"，当然不像网上所调侃的那样，是"马云之城"。事实上，云城的命名主要还是跟杭州的产业布局有关。那时候云计算方兴未艾，杭州市政府又提出要建设"数字经济第一城"，一时间，各类和"云"有关的地名层出不穷。比如西湖区有云谷，转塘有云栖小镇，青山湖则有云安小镇、云制造小镇。而"云城"片区及周边，更是杭州数字经济、云上产业和科研机构的集聚区，布局有杭州超重力实验室、浙大校友企业总部经济园、浙江人才大厦等科创地标，叫"云城"最为合适。

当然官方的解释含义更为丰富：云城的"云"既代表着云

计算、互联网、人工智能等数字经济科创产业，又象征着各类资源要素通过杭州西站"云态"集聚、"云态"流动，充满着无限的想象力和可能性。但不管名字叫什么，有几层含义，有一点是肯定的，在杭州近年来规划建设的各类新城中，云城应该算等级最高的一类，一出生就受到各方的高度重视。

这里提一个细节，就在杭州市政府决定建设云城仅仅两个月后，中共浙江省委十四届七次全会《决定》就明确要求，加快杭州西站枢纽"云城"规划建设。当年9月16日，刚刚上任省委书记半个月的袁家军，便来到云城实地考察，并现场要求"加快建设、确保质量，早日把云城建设成现代综合交通枢纽、杭州新地标、城西CBD和高端人才集聚地"。这四个愿景后来也成为云城的片区定位和建设目标。

省里的高度重视，迅速转化为市级层面的工作动力。2020年7月，杭州成立云城建设管理指挥部；8月4日，指挥部正式挂牌。随着人员的汇聚、机器的进场、项目的陆续动工，云城，这片曾经安静的原野，开始热闹起来。在一场场办公会、月度会、专题会、现场会中，在一阵阵打桩声、轰鸣声、吆喝声、讨论声里，杭州城西CBD正式踏上了"三年拉开框架、五年初具形象、十年基本建成"的壮阔征程。

2022年9月22日，拥有11台20线、总建筑面积51.2万平方米的杭州西站连同湖杭铁路一起正式投用。而就在西站开通的一个月前,"杭州第三中心"概念横空出世。

此前,杭州的城市空间格局被称为"一核九星",其中以上城、拱墅、西湖、滨江等主城四区为"一核",而余杭与萧山、临平,甚至更外围的钱塘、富阳、临安、桐庐、淳安、建德地位一样,构成"九星"。但在2022年8月杭州市规划和自然资源局发布的《杭州市总体城市设计(补充完善)》中,"一核九星"变成了"一主三核八副"。地处绕城外的云城-未科片区,不仅被囊括进中心城区的范围,还和武林-湖滨("传统风貌核")、钱江新城-钱江世纪城("现代风貌核")这两大公认的城市中心并列,被定义为杭州的"科创风貌核"。

这也标志着,继世纪之交杭州的科创中心从城西文教区南移至滨江之后,从21世纪第二个十年起,再次西移至云城-未科一带,或者至少可以说形成了城西科创大走廊和滨江东西呼应的科创格局。除此以外,城北、之江等区域也分布着许多科创企业,这一点从"六小龙"的空间分布上也可以看出——1家位于滨江(宇树科技),2家位于城西科创大走廊(强脑科技、云深处科技),2家位于城北(深度求索、群核科技),1家位于之江(游戏科学)。相比20多年前,杭州约85%的科研力量汇聚于城西文教区、文三路电子信息街一处,如今的杭州科创版图越来越呈现"满天星斗"的格局。

事实上,杭州除了"六小龙",还盘踞着大批的"小龙""小虎"和独角兽企业。根据第九届万物生长大会上发布的浙江省首份独角兽企业系列榜单，截至2025年4月，浙江全省共有55家独角兽企业，其中44家位于杭州，占比达80%。光余杭一个区，就聚集了12家独角兽企业，在全省榜单中占比超21%。

特别是在人工智能等热门产业赛道上，杭州不仅企业数量众多、实力雄厚，分布上也是遍地开花。从万物生长大会发布的《杭州AI卧龙图》来看，杭州AI卧龙108将遍布全市11个区（县），其中余杭、西湖、滨江三区的企业数量都超过20家，分别达到29家、24家、22家。另外，萧山区有13家，临平、上城、钱塘等区也都在5家及以上。下一章，我们将走进企业，通过个案剖析来探寻杭州企业的科创密码。

第2章

创新者图鉴：科技突围的杭州样本

杭州的创新企业当然不只"六小龙"。

"六小龙"出圈之后,各路力量都在盘点这座城市的创新家底。比如,2025年4月万物生长大会遴选出的杭州AI108将。暂且不论榜单的入选入围标准和具体的企业名单,单从筛选出来的企业数量和类别来看,其实也能窥见这座城市的创新氛围——能挑出分属AI基础层、AI技术层、AI应用层等不同领域的108家创新企业,杭州的创新态势的确称得上万物生长,生机勃发。

就像此前学术界讨论中国制造那样,除了劳动力成本等比较优势,完整产业链带来的集聚效应也是中国制造崛起的一大原因。在当下这波科技创新浪潮里,杭州也在形成一种集聚效应。从基础设施到平台产品到软、硬件应用,一座城市内可以聚齐产业链条的诸多环节,这对创新的发生和加速,无疑也是极大的推动力。

为什么杭州能聚集这么多创新企业？

要回答这个问题，除了宏观的产业流变讨论，也许还要回到具体的企业案例上来。在一个个具体的创新企业的发展历程里，也许就藏着解码这座城市创新基因的秘密。

本章采访了整数智能、西湖心辰、特看科技、灵伴科技、炽橙科技这五家企业，从 AI 产业链的不同环节，来观察杭州创新。

具体来说，整数智能作为 AI 数据服务商，为这轮大模型浪潮准备了数据燃料；西湖心辰是基础模型公司，算得上是 AI 大模型浪潮里的基础设施之一；特看科技的数字人产品平台则服务于海内外电商经营者，是典型的 To B[*] 应用企业；灵伴科技的硬件产品接连出圈，是 AI 硬件企业的代表；而炽橙科技则在工业软件迎来大重构的背景下推出了工业智能体（Agent），是典型的工业垂直赛道的玩家。

这些不同环节的企业云集杭州，在本地形成完整产业链，有不少共性因素——政府的政策支持、高校科研资源丰富、科技龙头带来的人才溢出效应、民间资本发达等，这些都有利于新兴科技企业的兴起。

---

[*] 即 To Business，也就是以企业作为服务主体，为企业客户提供平台、产品或服务并赚取利润的业务模式。相应地，To C 则是 To Consumer，也就是以个人用户或消费者为服务主体，以满足个人用户的需求、欲望或体验为主要目标的业务模式。

同时，AI创新链条上的不同环节里，企业成长与发展所需的资源可能有差异。比如灵伴科技要推出智能眼镜，除了软件和算法层面的能力，能否整合协调硬件产业链资源，实现产品的规模化量产交付，可能关乎当下的竞争格局。而特看科技的数字人应用要发展壮大，要有能力将产品扩展渗透到广大电商及出海企业群体中去。

而通过采访，我们能看到，身居杭州，这些新兴企业面临上述问题，都有解法，从某种程度来说，杭州因素可能还为解决问题创造了条件。比如，电商产业链发达，区域内企业积极拥抱新技术新产品等特性，有利于特看科技、炽橙科技等企业贴近客户，打磨和完善产品，加速产品创新。从这些企业的成长历程里，你能看到杭州之所以成为杭州的诸多端倪。

◇◆◇

01
整数智能：AI行业的"数据合伙人"

大模型测评机构SuperCLUE发布的2025年3月总排行榜中，排名前五的大模型应用里由杭州企业研发的就占了两位。

其中深度求索的DeepSeek-R1以70.33分排名第二，阿里巴巴的QwQ-32B以66.38分排名第五。这意味着，杭州已成为拥有全球头部中文可用开源模型的城市。

大模型是AI应用产品的内核，也是容易被公众感知的部分。如果进一步往上游扫描，杭州的AI产业图谱则会更加全面地浮现。数据服务商，便在其中扮演了举足轻重的角色。

为什么这么说？因为用于训练大模型的数据集的质量，将直接影响到大模型的性能，而在当下，前沿数据缺失已成为人工智能行业发展的最大障碍。

从全球范围的探索来看，人机结合进行"数据生产"或为解决之道。比如OpenAI训练GPT-3，其大模型有1750亿参数，数据量级如此之大，OpenAI需要与外部合作伙伴通力协作。

成立于2016年、总部位于美国旧金山的ScaleAI是OpenAI的合作伙伴之一，早期业务聚焦于为自动驾驶企业提供数据标注外包服务。2022年与OpenAI合作后，逐步转型为以数据标注和治理为核心的"AI数据工厂"，年化收入则从2018年的1700万美元上升到2023年的约7.6亿美元。

在杭州，也有这样一家"AI数据工厂"奔跑在生产高质量数据集的征途中。

这家黑马企业名为"整数智能"，诞生于2020年，如今已为国内外约1000家科技企业和科研机构提供数据集构建服务，覆盖智能驾驶、生成式人工智能、具身智能三大场景。

当很多AI创业者聚焦于AI应用与机器人，整数智能自创立伊始就将目光投向数据工程。

整数智能创始人林群书向我们表示，规模化法则（Scaling Law）行为意味着大模型性能主要与训练数据量、计算量和模型参数量的规模相关，随着AI大模型日益复杂，对数据的需求正呈现指数级增长的态势。"用好AI技术，以可控成本高效交付高质量、大规模的数据集，这正是AI数据服务商建立竞争壁垒的核心。"

"80%的数据＋20%的模型 = 更好的AI"

我们在杭州萧山区整数智能总部见到了林群书。这是一名"95后"创业者，坚信美国计算机科学家尼古拉斯·尼葛洛庞帝那句话——预测未来的最好办法就是把它创造出来。相比于杭州"六小龙"的创始人们，他从更年轻时就开始创业。

和深度求索、群核科技等一样，整数智能也是"高校系"企业。2014年，林群书考入浙江大学电气工程及其自动化专业，四年后又进入本校计算机科学与技术专业硕博连读。2020年创立整数智能后，他办理了休学，全身心投入人工智能技术浪潮中。

正是因为这一层的渊源，整数智能办公空间里营造了很多浙大元素。比如,将与公共办公区隔开的会议室命名为"紫金港""之江",这些是浙江大学不同校区的名称。我们的采访,就是在"之江"会议室里进行的。

2018年,林群书在一家私募基金实习,从事"AI+量化投资"研究。有一回,他要通过做策略算法分析金融市场舆情。这是一个高质量的自然语言处理(NLP)算法,需要通过大量高质量的金融行业数据训练它,于是林群书开始寻找数据标注服务供应商。

数据标注是将非结构化的原始数据转化为机器学习算法可理解的结构化数据的过程,是训练AI模型的基础。通过标注后的数据,机器可以理解与学习,并完成分类、回归、目标检测等各种任务。传统的数据标注工作属于劳动密集型工作,容易陷入机械劳动,量级也难以满足大数据时代的需求。

但咨询了一圈后,林群书发现找不到合适的数据标注供应商。市面上很多供应商对人工智能大数据行业认知不足,有的甚至还用Excel表格处理文本数据。如果使用公开的数据集训练AI模型,准确率也只能达到85%左右。

林群书萌生了自己创办一家数据标注公司的想法。

他认为,人工智能行业正在经历"以模型为中心的AI"(Model-Centric AI)到"以数据为中心的AI"(Data-Centric AI)的转变,在以模型为中心的AI研发体系中,工程师通过写大量代码，优化算法和框架；而以数据为中心，可能意味着只需训练大规模的数据，就能做好算法。"80%的数据＋20%的模型＝更好的AI"，需要花更多时间在数据上，同时考虑模型。高质量数据也有助于模型更好地迭代升级。

而从当时整个行业来看，AI大数据是新兴行业，行业内头部企业如海天瑞声，2018—2020年营收均不超过3亿元。在成熟行业，可能会存在头部公司垄断大客户资源，创业公司难以进入的情况，但在AI大数据这条赛道上，大公司与创业公司几乎站在了同一起跑线。这也给了林群书很大的信心。

决定创业后，他通过打比赛积累启动资金。相比于拿着商业计划书去密集拜访投资人，对林群书来说，打比赛是更加高效积累创业资本的方式。他会参加学校的比赛，奖金在5万元左右，他也参加了政府及社会组织牵头的人工智能创新创业大赛，奖金高达30万—40万元。

通过打比赛，林群书获得了100多万元奖金。此外，他在台上演说时，台下几乎都是人工智能行业的潜在客户，相当于在赢得奖金的同时积累了一波客户。一切准备就绪，2020年，整数智能正式成立。

抓住每一波AI技术浪潮

作为AI数据服务商，整数智能将从哪些场景切入？

一个原则是：去那些有机会实现爆发式增长，且聚集了大量资金的行业。如果一个行业已经进入成熟期，很难有资金支持"人无我有"的创新，或者只能以开源方式堆人力进行数据标注，整数智能则不会去碰。

按此逻辑，如今整数智能聚焦的三大主营业务场景——智能驾驶、生成式人工智能、具身智能，都是"AI＋"的长坡赛道，而且有大量资金涌入。高质量标注数据将直接影响AI模型对特定任务的理解和学习能力，因此企业主对于高质量数据集有着迫切需求。

何谓高质量数据集？举例来说，当下大模型两个比较明确的核心能力是逻辑推理能力和问题解决能力，那么问题就变成什么样的数据集有助于提升大模型的这两种能力。此外，林群书也会研究OpenAI发布的GPT模型，DeepMind发布的Gemini模型，哪些数据集使得这些模型的能力显著提升。

最初三年，整数智能聚焦于智能驾驶场景，为车企客户提供包括数据采集、数据清洗、数据标注和成品数据集的数据集构建服务，2023年后业务场景则拓展至生成式人工智能和具身智能。这与人工智能行业发展进程密切相关。

2022年年底，ChatGPT横空出世，公众对于生成式人工智能的讨论热度空前。工程师们则发现，GPT使用的核心架构

Transformer*优于自然语言处理领域的其他架构。于是行业内的学者、工程师们全部转向Transformer架构，这种力出一孔的集体协作，使得生成式人工智能领域产出创新成果的速度，比之前任何时候都要快得多。而生成式人工智能需要具身智能的"身体"，具身智能则需要生成式人工智能的"大脑"，可以说，具身智能也是机器智能发展到一定阶段的产物。

对于人工智能企业来说，当下AI大模型的技术路径未必是最终技术路径。它更像一个自回归模型，每句话都是对于下一个令牌（Token）†概率的预测。站在当下的时间点看，这些模型比之前任何模型效果都要好，但还不是非常令人满意，因此用户经常吐槽大模型产生幻觉。人工智能企业由此面临AI技术迭代竞争与商业化路径的双重挑战。

但对于AI数据服务商来说，数据的沉淀始终会带来价值。即便技术路径发生变化，数据服务商只需对数据格式做出修改。相对而言，AI数据服务商的商业化路径更加清晰明了。

不过整数智能仍要时刻洞察人工智能行业发生的细微变化。"每一波'AI＋'浪潮到来的时候，资金大量涌入的时候，我们要确定以最快速度满足这些成长起来的新兴企业对于高质量数

---

* 一种深度学习模型，由谷歌的研究团队于2017年提出，其核心创新是自注意力机制（Self-Attention），在自然语言处理领域特别流行。

† AI理解语言的"基石"，英文单词、中文汉字、标点符号都能被转换为Token。

据的需求。ChatGPT掀起大模型浪潮后，大模型技术的迭代不是以年为单位，而是以周为单位，人工智能企业对于高效交付高质量数据的需求越发突出。"林群书说。

2023年年初，一家行业内第三方机构发布了数据标注企业TOP20榜单，到年底，榜单上一半的企业已经倒闭或转行。

在林群书看来，主要原因在于，这些企业技术跟不上，没有快速响应客户对于数据的需求。"如果你提供的不是行业最前沿的高质量数据，客户根本就没有必要购买你构建的数据集。在这个行业，快是很重要的一点。只有时刻抓住机会，持续满足客户的需求，才不会被替换。"

"人无我有"

在整数智能，"快"可以归结为两点。

一是构建数据集效率的提升。整数智能成立的第一天，智能数据工程平台就已上线，其对人工智能所需的数据标注工具全域覆盖，包含图像、文本、音频、点云等多模态标注工具。

自动化标注将如何实现工作效率的数百倍提升？以特斯拉为例，2018年，一段CLIP[*]数据需要花费500小时进行人工标注。

---

[*] 全称为Contrastive Language-Image Pre-training，是由OpenAI于2021年提出的一种多模态模型，旨在通过对比学习将图像和文本的表示空间统一起来，使它们可以相互理解和关联。

随着特斯拉对数据引擎及自动化标注能力的重点建设，到2021年，一段CLIP数据标注只需要花费0.5小时的算力标注和0.1小时的人工标注。

不过当下行业内的自动化标注，更多依赖算法工程师打磨特定场景的自动化标注算法，通用性有限。如果跨行业或者跨场景，算法自动化标注精度将会下降，这时需要工程师对自动化标注算法进行手动升级。

整数智能的智能数据工程平台，则通过内置的AI Power系统，结合AI大模型与小模型的各自优点，集成自动化数据处理多种算法，能够快速在新行业或新场景进行自动化标注，使得数据处理效率得到500%—1000%的提升。此外，智能数据工程平台还能利用标注好的数据迭代算法模型，使用时间越长，沉淀数据越多，则自动化标注水平越高。这是时间的复利，算法将在使用中实现自我迭代与自我强化。

二是通过"人无我有"的产品和服务，快速满足客户需求。

林群书经常看论文至深夜，研究全球最前沿的公司如何处理数据，其算法具备哪些特性，满足哪些条件才能使得算法具备这些特性。

林群书曾了解到，2018—2021年，特斯拉的数据工程平台经历了三次迭代，2021年至今，特斯拉的数据标注开始转移到4D空间，直接在矢量空间（Vector Space）进行标注。

"特斯拉的算法,很多国内车企都会跟进。"林群书告诉我们,意识到这一点后,整数智能第一时间付诸行动,推出4D标注工具,在三维空间数据的基础上叠加时间维度序列信息,对场景进行重建。

这套4D标注工具将原本需要数十帧的标注工作极限压缩到一帧来进行,效率提升了数十倍,还完善了雷达采集点云的遮挡场景,解决了同一物体在前后帧之间的一致性问题,为智能驾驶解锁了海量数据。

林群书表示,4D标注工具已成为整数智能一项杀手锏级别的应用。一个例子是,面对智能驾驶数据标注服务领域的价格战,整数智能最初只能被迫接受低价,通过长达3—6个月的服务证明自身的专业性。4D标注工具推出后,因为当时在国内只此一家,整数智能可以更加直观地告诉客户自身实力,车企也愿意为此付费。通过直播讲解其4D标注工具,很多车企老板还会主动找上门,希望做技术方面的交流。只要做技术交流,合作也就更有机会达成。

整数智能凭什么实现高效与"人无我有"?

林群书认为,如果创始人是技术出身,在AI领域创业无疑具有优势,因为"公司创始人需要时刻保持对于AI前沿技术的敏感度"。此外,公司还需要源源不断的信息输入,快速积累行业的技术诀窍。

2024年8月，整数智能宣布完成数千万元的A轮融资，由峰瑞资本领投，藕舫天使跟投，这是目前为止整数智能最新融资轮次。此前，整数智能还获得唐氏投资、尖晶资本等机构的投资。在林群书看来，融资的出发点之一，就是扩充各领域具备行业技术诀窍的"聪明人"的数量，"好的机会不能因为人手不够而错过"。

2023年，整数智能投入1024万元，发起"2077AI计划"。这是一个资助高质量开源数据集建设的非营利组织，受资助团队实战过程中建立的行业认知，也将反哺到整数智能业务中。

"2077AI计划"也有助于整数智能提升行业知名度。当AI领域普遍被认可的数据集出自"2077AI计划"，很多企业就会找到整数智能，主动寻求合作。

从浙大出发

2020年整数智能成立时，ChatGPT尚未出世，AI领域的创业热潮则要更晚些时候才会到来。选择在当时的时间点创业，与林群书的母校浙大的创新创业氛围分不开。

浙江大学有一个名为"时代强鹰"的组织，对林群书影响至深。自2008年创立开始，"时代强鹰"就推行"创业导师"和"浙商带徒"模式。依托浙大校友资源及浙商企业家，在为期一年的强鹰实践中，浙商企业家将担任学员的导师，不仅能弥补学生创业经验不足,还会指导学生如何学以致用。海亮集团董事长冯海良、西子联合董事长王水福、万事利董事长屠红燕……这些知名浙商企业家都担任过导师。

林群书于2018年首次加入"时代强鹰"。在这个组织的一年里,他所在小组开展了近十场"师徒行"活动,包括听校友分享创业故事,参观浙大网新集团总部、了解其产学研运作和生态系统构建等。导师也会在学员职业规划、创新创业及投资等问题上给予指导建议。

从"时代强鹰"结业后,林群书便投入创业项目中。这时,"时代强鹰"平台进一步发挥了链接资源的作用。

"很多浙大校友是在人工智能企业当首席执行官或者首席技术官,'时代强鹰'平台链接了众多校友资源,这对于达成目标帮助特别大。在业务拓展上,比如国内500强企业的董事长,单凭个人力量建联很有难度,导师会通过个人资源带你去认识这些人,起到宝贵的背书作用。"林群书说。

整数智能的天使轮投资方藕舫天使也是浙大背景的公司。藕舫天使创始人刘建斌同为浙大校友,2018年藕舫天使基金成立后,刘建斌整合了更多浙大校友资源,专门投资处于早期阶段的浙大校友企业。

技术创新叠加外部资源助力,如今,整数智能不仅在杭州站稳了脚跟,还将业务拓展到全球,在新加坡、法国巴黎、美国硅谷、日本东京等地设立了全球办公室。

相比于国内市场，向海外客户交付的数据集在语料数据方面区别于国内客户，核心技术却可以通用，这使得整数智能在国内积累的能力，可以快速复用到海外客户的服务中。而且，海外客户付费能力更强，容错率更高，愿意为尚未得到验证的创新技术买单。

在具体解决方案落地方面，像欧美等人工智能行业发达的地区，整数智能直接向客户交付成品数据集；像中东、马来西亚等人工智能行业欠发达的地区，整数智能则变为"总包商"，带着曾经服务过的国内人工智能企业共同出海，为海外客户提供整体解决方案。

目前，全球范围内的AI技术革命正如火如荼，作为AI数据服务商，整数智能要成为新一代AI产业基础设施的引领者。

"我对整数智能的定位是，成为所有人工智能企业的数据合伙人，协助他们落地人工智能产品。"林群书说。

02
西湖心辰：做"懂人心"的情感大模型

西湖心辰坐落在杭州西湖区三墩镇云创镓谷。

这里是西湖大学（西湖实验室）成果转化基地先导园区，距离西湖大学云谷校区不到500米。站在西湖心辰所在楼层的大平台，能望见高大挺拔的办公楼群与远方逶迤的群山。

凭借来自谷歌、元宇宙、亚马逊等公司的顶流技术团队，以及多模态的技术优势，西湖心辰团队被业内认为是中国最接近GPT-3.5的团队之一。

2020年，西湖心辰创始人蓝振忠离开谷歌回国后，先是加入西湖大学，担任工学院深度学习实验室负责人，第二年便在实验室孵化出西湖心辰。西湖心辰现任首席执行官俞佳则是西湖大学工学院大模型方向毕业的博士。

"我们背靠西湖大学，是一家有着很强学术背景和技术背景的公司。但我们不追求把模型越做越大，而是聚焦于模型的情感能力，从应用出发做垂类模型。我们的优势在于把技术和商业结合得比较好，比纯大模型的团队更懂用户，比很多做AI产品的团队有更强的技术实力作为支撑。"俞佳说。

生于西湖大学

西湖心辰的诞生，是蓝振忠带着西湖大学深度学习实验室一群平均年龄不到30岁的年轻人，从事"如何让AI更懂人类情感"这项研究的转化成果。而西湖大学，则是施一公等七名倡议人探索中国高等教育多元化的产物。

2015年3月,时任清华大学副校长施一公联合陈十一、潘建伟、饶毅、钱颖一、张辉和王坚六人,向国家领导人提交了《关于试点创建新型民办研究型大学的建议》。当年12月1日,浙江西湖高等研究院在杭州注册成立,是为西湖大学前身。

2018年2月,浙江西湖高等研究院正式更名为西湖大学,施一公担任首任校长。

施一公曾如此批判中国高校基础研究现状:"我们国家非常强调成果转化,但转化从哪儿来?我们的大学是因为有很多高新技术没有转化成生产力呢,还是我们根本就不存在这些高新技术?我认为是后者。"

综观全世界高等教育体系,在欧美等发达地区,公立大学主要保障教育公平,私立大学则在科技创新等方面贡献突出。加州理工大学、斯坦福大学、普林斯顿大学、哈佛大学、耶鲁大学……这些全世界首屈一指的名校都是私立大学。中国高等教育的公平和卓越则均是通过公立大学体现,民办高等教育主要培养职业技术型人才,营利型大学居多,研究型大学缺失。

在施一公看来,中国理应有一批一流的非营利型民办大学,与公立大学共同承担为社会培养高精尖人才的重任。因为办学的自主性,中国民办大学更有机会走出一条新型道路。

西湖大学便是这一想法的"试验田"。

"所谓大学者,非谓有大楼之谓也,有大师之谓也。"截至

2025年4月,西湖大学已面向全球选聘了240余位博士生导师。西湖大学参照国际一流大学相应职位,根据具体情况,为入选者提供具有国际竞争力、能够使其安心学术的协议薪酬、安家补助及其他待遇。

此外,"教授治学、行政理校、学术导向决定行政服务"的治校理念也得到充分体现。

在西湖大学,教授可以免于事务性的繁文缛节,学生也没有发表论文的压力。学生只要能够证明自己是在坐冷板凳,探索世界前沿课题,那么他一定能够得到支持。

当然这并不意味着西湖大学只鼓励做基础研究的苦行僧,而是鼓励基础研究与成果转化并重。

2019年,西湖大学正式成立不足一年,成果转化办公室设立。在科研项目立项阶段,成果转化办公室就会对项目进行筛选和跟踪。如果某个项目确立为重点转化项目,成果转化办公室则会提供从公司注册、专利布局、法律咨询、融资路演、交割谈判到公司落地等一系列服务。

为了支持项目转化落地后进一步加速发展,西湖大学探索出了一套科技创新与产业融合的模式——在一个实体空间内,把科学家、企业管理人才、社会资本与金融资本聚到一起,合力加快科研成果落地与开花结果。

西湖心辰所在的云创镓谷,正是这样一个实体空间。它由杭州西湖区紫金港科技城管委会与西湖大学合作共建，也是杭州城西科创大走廊首家挂牌的成果转化基地。2020年，西湖大学还做起了风险投资和私募股权投资，成立西湖大学杭州股权投资有限公司。西湖心辰的天使投资人中，西湖大学杭州股权投资公司就是其中之一。

做"懂人心"的情感大模型

蓝振忠是抱着做AI心理咨询项目的想法加入西湖大学的。

2017年，蓝振忠即将从美国卡内基梅隆大学计算机学院博士毕业。有一天，他从朋友那里得知，一名此前的同窗好友，因为心理压力太大得了抑郁症，以自杀方式结束了自己的生命。

这让蓝振忠感到震惊。后来他进一步了解到，他的博士同学中，抑郁症患者不在少数。很多抑郁症患者的情绪是突然爆发的，如果没有在第一时间采取专业手段进行干预，悲剧可能瞬间就会发生。

蓝振忠决定为抑郁症群体做些什么。在他的价值体系中，做研究的过程是在寻找一种意义感。"如果我的研究能够真正帮助到别人，我会觉得特别有意义。"

博士毕业后，蓝振忠先是去了洛杉矶一家创业公司学习创业能力。业余时间，他面向心理亚健康人员组织了一个留学生抑郁互助群体。随着咨询的人越来越多，他进一步思考，如何将AI运用到心理咨询中。"AI不应该是一个冰冷的机器人，而是应该被赋予温度，变得更像一个有情感的人。"

离开洛杉矶的创业公司后，蓝振忠则加入谷歌。其间，他主导研发了谷歌大模型"BERT"的轻量化版本"ALBERT"：在大模型性能不变的情况下减少参数量。这项研究成果奠定了他在自然语言处理领域的知名度。

不过蓝振忠最终还是回到国内，加入了西湖大学。

主要原因是，在谷歌，如果你有一个点子，通常需要自己单干一段时间。随着成果显现，感兴趣的成员会逐渐加入。但你不能保证，项目一定会产出结果。而蓝振忠要做的"AI＋心理咨询"项目需要多个团队跨领域协作，比如自然语言处理领域的技术专家，搭建对话系统的工程师，提供专业心理咨询服务的心理咨询师，这些角色都不能缺位。

在这方面，西湖大学提供了全方位的支持，包括可以自由支配、充足的项目启动资金，在项目还是想点子的阶段组建团队，纯粹的科研环境等。

2020年6月，蓝振忠加入西湖大学，创立深度学习实验室，随后组建了跨专业领域的项目团队。当时在西湖大学计算机科学专业攻读博士学位的俞佳就是团队成员之一。项目团队首先要上线的，就是一个能够随时随地陪伴、提供专业心理咨询对话服务的应用程序。

当时，ChatGPT尚未诞生，不过机会在于，机器学习范式发生了根本性变化——从监督学习转向自监督学习。不需要人工标注，只要投喂大量原始数据，机器就能自主学习。

基于此，项目团队先使用基础的预训练模型，使模型学会语法、语义的理解，然后通过网络对话数据使其学会说话，再通过真实的心理咨询对话数据提升其专业水平。

如今，这款名为"聊会小天"的小程序已能够提供全天候的心理咨询与情感陪伴服务。对其水准的评估标准主要分为三个方面：语言是否连贯，是否会对用户产生负面作用，能否达到心理咨询的目的。经过测算与评估，机器人"小天"已具备中级心理咨询师水准。

这款AI心理咨询产品背后，是西湖大学深度学习实验室近20位心理学专业及人工智能专业博士、博士后，邀请近5000位专业心理咨询师协同建立心理行为数据集，并基于技术人员研发的情感类通用大模型"西湖大模型"共同打造的。

那么AI心理咨询适用的场景有哪些？相比于人工心理咨询，AI心理咨询价值如何体现？

俞佳告诉我们，心理咨询师收费通常在300—500元一小时，对普通人有一定门槛。而且，并非一次心理咨询就能"药到病除"，比如一个人在深夜12点突然情绪爆发，又孤立无援，这时候该向谁求助？AI心理咨询则可以随时随地给予陪伴。

更重要的一点在于，心理咨询效果如何，很大程度上取决于你是否信任心理咨询师。不过有人会认为，"我是一名成功人士，在其他人面前说一些很软弱的话，我说不出来"。即便跨过这道坎，面向陌生的心理咨询师打开心扉也需要一定时间。面向AI倾诉则不存在这方面问题。AI就像一个智能树洞，适用于一个人有烦恼但不适合向他人倾诉的场景。

2024年9月，西湖心辰发布了国内首个端到端通用语音大模型"心辰Lingo"。

"西湖大模型"是从更成熟的文字等应用入手，但文字天然缺少语气等情感信息，"心辰Lingo"端到端语音大模型的优势，正在于能听懂"话外音"，从而更加全面地理解所表达的内容。

如果仅以AI应用商业价值论，最大化占据用户时长当然是主要目标。具体到AI心理咨询应用，则又面临价值观考验：是否应当支持用户恢复正常生活后告别心理咨询？

西湖心辰也曾面临这样的拷问。"聊会小天"之前有一名极度"社恐"的忠实用户，突然不再使用"聊会小天"。通过用户回访得知，这名用户已经能够正常社交了。对此俞佳向我们表示："突破点在于产品设计。"西湖心辰是从AI心理咨询应用切入，如今，他们要为用户打造AI伴侣。

"小天在这款应用中可以扮演多个角色，如果仅为心理咨询师，帮助用户解决问题后，用户就可以告别小天。如果是闺蜜、好友、同学甚至偶像，用户就可以和小天产生更多交流。随着数据越来越丰富，我们希望产品能够融入更多功能，为用户提供更多的情绪价值。"俞佳说。

通往通用人工智能的"心辰"大海

在人类通往通用人工智能的浩瀚征途中，ChatGPT毫无疑问是一个引爆点。而接下来的引爆点，或为各种垂类模型应用。再先进的模型与算法，终究还是要服务于社会需求。

西湖心辰的产品，正是各种垂类模型的应用。因为公司成立时间较早，当时国内一流的大模型创业团队屈指可数，再加上创始人卡内基梅隆大学与谷歌的技术背景，团队很早就训练出了可以媲美GPT-3.5千亿级参数的大模型，西湖心辰曾被认为是"中国版OpenAI"。

不过如今看来，西湖心辰与OpenAI渐行渐远。

像ChatGPT这样的大模型是高度中立、知识性、向外探索的，需要为用户提供更多知识，OpenAI的成功，在于不断提高AI智能极限。西湖心辰的垂类模型则是向内探索，聚焦于如何读懂人的内心，成功在于提升AI与人类的沟通能力，从而实现商业化落地。

这是一个数据积累与模型迭代的过程。过程中，首先要活下来，通过商业化的产品"沿途下蛋"，反哺技术研发。

在俞佳看来，用户内心世界的表达，除了诉诸对话，还会诉诸文本和图片，西湖心辰需要具备多模态能力，文本生成和图片生成能力也要及时跟上，这两块还可以转化为独立的产品推向市场。

西湖心辰构建的是包含"模型层-中间层-应用层"的产品架构。其中模型层专注于情感能力，中间层提供各个细分领域的模型，应用层则包括三大产品——AI心理咨询产品"聊会小天"、图片产品"造梦日记"、智能写作产品"Friday"，覆盖聊天对话内容生成、图片内容生成、文字内容生成等领域。

三大产品中，"聊会小天"目前在国内是免费应用，收费市场以美国、英国、加拿大等英语系市场为主。"造梦日记""Friday"则上线了收费功能。比如"Friday"平台上聚集了不少专业用户，他们是插画师、设计师、内容营销人员，AI绘画能提升他们的工作效率，因此他们有更强的付费意愿。

相比互联网产品的双边网络效应，很多互联网企业在实现盈利前的首要目标是获客，甚至可以亏损，AI产品的网络效应则更多体现在数据飞轮效应。初期数据不足时，用户体验较差；数据量达到一定规模后，模型则会进入收益递减期，提升空间有限。

这也让西湖心辰对于商业化的态度更加务实。一个例子是，西湖心辰的研发团队更多是做产品使用过程中面向具体问题的探索，比如用户与"小天"聊天时，发现"小天"忘记了用户说过的事情，这类问题就会在公司内部得到解决。如果一个问题需要探索5—10年后才会有结果，这样的探索则会交给西湖大学深度学习实验室，两个团队相互协同。

在人才招聘方面，西湖心辰创始团队主要来自西湖大学，也会面向社会招聘有经验的工程师、心理咨询师，以及面向高校招聘。目前西湖心辰员工规模在80人左右，平均年龄27岁。

俞佳告诉我们，年轻人选择加入西湖心辰，首先是看好这波AI技术浪潮，时不我待地要投身其中。相比大厂，像西湖心辰这样的创业公司也更加灵活与扁平。"比如能力强的技术人员会分配到更多的算力资源，用于训练场景，支持他做出真正有影响力的产品。优秀的年轻人往往会选择上升最快的电梯，使自身能力得到增值。"

而背靠西湖大学、立足杭州，西湖心辰在吸引人才方面也就有了更大筹码。西湖大学的人才输出和招牌作用自不必说，杭州其他高校也向AI行业输送了大量人才。

"杭州几所头部的高校，像浙江大学、浙江工业大学、杭州电子科技大学，在理工科专业方面优势突出，学生在校期间就会进入企业实习。如果是在其他二、三线城市，或许就没有这样充分的高校人才储备。"俞佳说。

大模型的浪潮席卷而来，未来几年，大模型将同时掌握文字、图像、语音等多模态的能力,智能程度将进一步提高。但我们仍不能预见,通往通用人工智能道路的探索终点在哪里。或许正如"西湖心辰"这个名字所寄寓的,人类只有足够了解自身,才能探索更加浩瀚的世界。

这也是一场无止境的探索。西湖心辰的目标是,通过 AI,帮助人类了解自身和他所处的世界,抵达"心辰"大海。

03
特看科技:AIGC 如何重塑电商内容生产

乐乘(本名吴春松)打开 AI 视频工具 Topview.ai,通过投屏向我们展示操作界面:他输入一个亚马逊产品链接,选择一个数字人模特,点击视频生成按键,大约 30 秒后,一条数字人带货视频开始播放。

"你看,我没有输入任何文字指令,"乐乘说,"大模型会抓取这个产品链接背后所有的素材,包括文字、图片、视频等;接着做素材分析,自动生成脚本;最后,大模型会根据所选的数字人自动生成视频,一次操作可以生成多个不同版本的视频。"

乐乘是特看科技的创始人,特看科技则是一家专门为电商经营者提供内容生产工具的SaaS*服务商。

特看科技成立于2022年6月。半年后,ChatGPT横空出世,特看科技彻底"脱胎换骨"。

如今,大模型已为这家SaaS服务商的产品注入了内核,这是一家真正意义上的AI原生企业,如果失去AI能力,其产品的核心功能也将失效。

"ChatGPT诞生后,就可以通过AI学习产品素材并生成脚本、完成视频组装;Sora诞生后,只需要上传一张产品图片,AI就可以生成视频,客户连拍摄素材都不用提供了,"乐乘说,"特看科技发展节奏与AI行业发展的每一步都是对齐的,AI行业发生大事的时候,我们必须第一时间跟上,把最新的AI能力嫁接到SaaS产品中。"

"阿里系"

彼得·德鲁克在《创新与企业家精神》中写道:"在商业中,不仅要看到眼前的现象,还要洞察未来的趋势。只有对环境变化有深刻的理解,才能在竞争中立于不败之地。"

乐乘,"阿里系"创业者,一个对底层技术变化见微知著的行动派。2016年,他在阿里巴巴发明了用AI生成海报的"鲁班"

---

* 即Software as a Service的简称,意为软件即服务,一种基于云计算的软件部署和服务提供模式。

系统；2022年，看到内容电商与中国企业出海的确定性趋势，有着13年大厂背景的他决定到外面来"折腾"。

2009年，大学本科毕业两年的乐乘入职阿里巴巴。早些年，他在淘宝参与过淘宝搜索、一淘、手淘等产品的设计工作。2015年"双11"，阿里巴巴首次基于算法和大数据，为用户做个性化商品推荐。在这之前，商品推荐主要是由运营决定的。

"既然商品可以做个性化推荐，广告资源位的设计是否也能做到千人千面呢？"乐乘想要尝试做一个新产品，用AI设计不同版本的广告海报，通过系统向用户个性化推荐，进而提高海报点击率。

阿里巴巴鼓励内部创新。通常情况下，一名员工有做创新项目的想法，可以先找几位感兴趣的同学，进行小范围的尝试。待项目产品化取得一定进展后，会有越来越多的同学加入进来，阿里巴巴也会给予更多资源上的支持。最终，优秀的产品有机会成为公司级别的产品。

乐乘召集了一个小团队，包括设计、工程、算法等角色，开发一款名为"鲁班"的设计系统。最初2—3个月是试错阶段，阿里巴巴放了很小的一波流量，团队将其用于测试以及产品迭代。一段时间后发现，AI个性化生成的海报比人工制作的海报点击率高得多。

2016年"双11"前夕，"鲁班"已经能够实现每秒生成数千张海报的产能并进行个性化推荐，于是"鲁班"成为阿里通用的中台工具。

"鲁班"在2016年"双11"期间累计生成1.7亿条广告横幅——假设设计师每做一张海报用时20分钟，"鲁班"这名伟大的"AI工匠"，其工作量相当于100名设计师连续工作300年。因为做"鲁班"的经历，乐乘与团队成员也正式进入人工智能圈，从那以后，他们一直对人工智能行业的发展保持高度关注。

然而，正当AI在商品推荐以及电商广告设计等领域大显身手时，一场流量大迁徙已经在路上。抖音、快手崛起，图文流量正逼近天花板，越来越多的商家开始尝试通过短视频来呈现商品。看到短视频应用底层技术的突破与流量变迁势不可当，乐乘和团队成员又开发了一款电商短视频制作工具"亲拍App"。

不过乐乘最终还是决定创业。他告诉我们，相比于在阿里巴巴内部尝试新项目，自己创业至少可以实现两大突破。

一是对于平台属性的选择。在阿里巴巴只能做服务于淘天商家的工具，不过淘天的用户心智是货架电商，商品呈现方式以图文为主，绝大多数用户在打开淘宝前就已经有购物心智了。

乐乘想做的是内容电商工具，内容电商崛起势在必行，做内容电商平台工具也将发挥更大的效能。

二是业务地域范围的选择。中国是全球唯一拥有联合国产业分类中全部工业门类的国家，供应链完备，电商发展全球领先。根据软银集团创始人孙正义提出的"时光机"理论，成熟市场里的成熟商业模式，可以复制到发展中市场更早期的阶段。

随着 TikTok 等有着华人基因的互联网平台在海外开疆拓土，国内的电商玩法、产品技术也随之带到海外。乐乘想做"生而全球化"的电商工具，在服务于中国卖家的同时，助力中国品牌出海。

此外，乐乘当时判断，AI 技术将很快迎来新的拐点。他无法准确说出这一天到来的时间，可以确定的是，届时，他会第一时间将最新的 AI 技术嫁接到应用产品中，一如多年前将 AI 运用到海报设计中。

从 GPT 爆炸中诞生的超级 SaaS

2022 年 6 月，特看科技创立，定位于一家为全球电商商家提供内容工具产品的 SaaS 服务商。

论及在阿里巴巴多年的积累，乐乘认为，最重要的是认知上的积累。

在阿里巴巴期间，通过拜访客户获得商业最前沿的认知，比如流量变迁的趋势，商家内容生产的痛点，中国电商模式出海的机会……这些认知让他能够及时判断潮水的方向，发掘属于自己的机会。

这些认知也让他顺利获得天使轮融资。"我们对于趋势的理解和判断，比较符合风险投资要投的方向。内容电商、全球化、人工智能，这三个要素加起来，成功率应该比做一个传统项目要高得多。"

2022年12月，特看科技正式官宣获得数千万元人民币的天使轮融资，由峰瑞资本领投，嘉程资本跟投。峰瑞资本投资合伙人陈石认为，被称为"视频优先"（Video First）的短视频和直播等内容驱动模式正在成为新的发展趋势。嘉程资本董事、总经理陈英育则认为，全球化和垂直领域深度应用是视频内容创作SaaS商业化发展的关键。

特看科技创始团队也来自阿里巴巴，由两名前P9职级的人、五名前P8职级的人、三名前P7职级的人组成。除了乐乘，联合创始人陈炳辉是前阿里巴巴资深技术专家，曾担任淘宝内容中台视频生产播放技术负责人。这支团队在阿里巴巴期间就建立了相互配合的默契，在特看科技，如果产品迭代方案需要试错，跨部门协同的工作很快就会落实。

此外，在阿里巴巴建立的人脉网络——"阿里系"的标签，也使得这支初创团队更容易触达客户、建立合作。

特看科技推出的首款产品是TikTok数据分析工具特看数据（Tabcut），TikTok卖家可通过Tabcut挖掘爆品、寻找达人、分析广告投放效果。在特看科技的产品体系中，数据分析工具是其他业务的基础，有了数据作为支撑，才能分析带货效果好的视频具有哪些特征，进而指导内容生产。

除了数据分析工具，特看科技还推出了数字人业务与网页端的视频生产协同SaaS工具，其中，数字人业务客户主要集中在直播带货领域。

在ChatGPT诞生之前，数字人直播不依赖大模型，而是根据事先写好的脚本开展直播，面对用户提问，数字人只能通过触发的关键词去作答，其工作原理类似于智能客服。不过相比元宇宙一代通过3D建模、绑定关节的数字人，特看科技的数字人使用的是2D技术，只需上传一段5分钟左右的视频，通过对视频的分析与机器学习，便可生成数字人分身，成本已经大幅降下来。

2022年11月30日，ChatGPT甫一问世，便从硅谷火遍了全世界。特看科技原本计划通过SaaS工具优化编导、策划、运营等工作流程，现在则有越来越多环节可以通过AI来实现。

特看科技迅速转型，将文本、语音、图像等模型"组装"进SaaS产品中。目前特看科技的视频生产SaaS工具Topview.ai，已经完全建立在大模型底座之上。令乐乘感到意外的是，GPT的学习能力远超预期。比如在策划视频脚本环节，给GPT看几条爆款视频后，它很快便学会了写作脚本。

"ChatGPT的出世标志着AI技术发展到了一个新的拐点，人工智能到了真正落地、能够大规模提升生产力的阶段，"乐乘说，"对特看科技来说，做内容电商工具与全球化的战略方向没有变，但实现手段变了，全部AI化了。"

ChatGPT诞生后，SaaS行业一度弥漫着悲观情绪。大模型似乎无所不能，SaaS企业会就此倒闭吗？

现在，特看科技对这个问题有了确定的回答。

SaaS是做管理、协同、整合工作流程的工具，不是生产力，而AI确定无疑是生产力，因此AI取代传统SaaS所提供的价值，这件事百分百会发生。不过这不意味着SaaS企业只能关门大吉，通过与AI相结合，SaaS企业则聚焦在应用层，在AIGC[*]时代会诞生更多的可能性。

具体而言，在视频生产领域，AI与传统SaaS工具的结合可分为三个阶段：1.0阶段是"AI＋SaaS"，AI用于辅助创作，但如果没有AI，SaaS仍然可以做生产流程方面的协同；2.0阶段是"AI×SaaS"，SaaS的各项核心功能建立在大模型的深度学习、推理能力上，失去AI能力，SaaS也将无用武之地；3.0阶段是"AI Agent SaaS"，智能体即服务本身，编导、摄像、剪辑、运营、投手这五个工种的工作，背后会有一个智能体来做代理，人们只需像操纵无人机一样，做好遥控即可。

---

[*] 即Artificial Intelligence Generated Content的缩写，意为人工智能生成内容。

目前，Topview.ai发展到了2.0阶段，可以让AI学习爆款视频脚本，生成结构化脚本，再结合原始素材批量产出视频内容。面对AI技术的快速迭代，特看科技将尽可能在视频内容创作的每个环节嫁接上AIGC的最新能力。

AI数字人的未来

一条带货视频中，通常有30%以上的内容是模特在介绍商品。如果把AIGC能力运用于此，数字人模特便就此诞生。

特看科技在Topview.ai上线了包含各国数字人模特的素材库。客户想要做海外投放的时候，可以省去寄送样品、寻找外国模特拍摄等环节。只需上传产品图片，选择外国数字人模特，AI就会根据对同类爆款视频的学习生成新的带货视频。客户可以将这些二度创作的视频投放到TikTok、Facebook、Instagram等社媒平台，实现规模化放量。

在数字人直播业务方面，乐乘介绍了特看科技早期版本与2025年最新版本的数字人直播间。早期版本中，数字人只能坐在原地，表情呆板，如果需要展示商品，只能通过贴片做商品信息展示。随着算力成本下降，特看科技技术团队对数字人模型训练参数量的增加，最新版本中，数字人可以一边口播，一边拿起商品做演示。最新版本的数字人直播间还接入了DeepSeek，数字人可以更加准确、实时地与用户互动。

"目前AI数字人主播的渗透率为10%，AI数字人在直播电商领域将完全取代真人主播，从技术上说完全没有任何问题。"乐乘向我们表示。

不过至少从现阶段来看，数字人直播带货不乏争议。主要原因在于，劣质数字人内容不时充斥于直播间，比如，画面虚假、数字人在直播时口型对不上。有鉴于此，不少平台对数字人直播做出了限制。比如2023年5月，抖音发布《抖音关于人工智能生成内容的平台规范暨行业倡议》（简称《数字人行业倡议》），要求数字人直播必须由真人驱动，不允许完全由AI驱动进行互动，部分数字人直播间被限流甚至封号。

在乐乘看来，新事物发展过程中不免充斥乱象，行业也会随之进行调整。2023年，数字人直播刚开始火起来，当时行业内冒出了一批没有电商经验和技术积累的数字人产品公司，他们在全国范围内发展代理商，声称数字人直播能赚大钱，其实就是利用中小企业主想要通过数字人赚钱的心理贩卖概念。但这些厂商的数字人产品质量粗糙，完全不符合平台规范，平台随之出手整治，数字人行业经历了一轮洗牌。而在合规的前提下，当数字人直播的内容足够好，到了用户难以区分数字人主播还是真人主播的时候，平台一定会给予数字人直播更多的流量支持。

一个确定性的信号是，巨头已经在拥抱数字人直播。

2023年，特看科技参加欧莱雅BIG BANG美妆科技创造营挑战赛。作为技术供应商，特看科技与欧莱雅集团旗下的美宝莲合作，启动数字人直播项目。在与真人主播的比拼中，特看科技的数字人主播表现出众，由此成为BIG BANG获胜企业，正式签约欧莱雅集团。后续，特看科技将为欧莱雅旗下众多品牌提供AI数字人直播解决方案。

乐乘认为，巨头愿意拥抱数字人直播，主要有两点，一是与AI有关，二是能看到较高的投资回报率（ROI）。"谁都不愿意错过AI技术浪潮，品牌也不可能一直通过招人来扩展业务规模，像欧莱雅这样的巨头，需要既懂电商、又有技术能力的供应商进入它的生态圈。"

在海外市场，特看科技已在东南亚开启数字人直播业务。值得关注的是，由于当地优质主播稀缺，数字人直播效果甚至优于国内。

比如在印度尼西亚等地，数字人主播在非黄金时段的小时成交总额能达到真人主播的70%以上。尽管数字人主播整体表现略逊于真人主播，如果考虑到人力成本与沟通成本，数字人主播显然是更具性价比的选择。

接下来，乐乘对特看科技的规划是，进一步打开海外市场，并在其产品中接入最前沿的AIGC能力。AI技术天然无国界。而TikTok电商已在东南亚初具规模，东南亚用户已经养成边看直播边下单购物的习惯，在东南亚之外，TikTok电商正在美区冉冉升起，这些对于特看科技来说，都是确定性的机会所在。

04
灵伴科技：等待AI眼镜"iPhone时刻"的到来

2025年初，一段演讲视频爆火网络。视频中，一名戴着眼镜的男子正在台上演讲，他说："我没有演讲稿，演讲稿就在我的眼镜里。"

眼镜里还能"藏"着演讲稿，这一科技成果超出了大多数人的认知。因此，尽管这段视频只有短短的十几秒钟，却在网络上得到了迅速传播，并引发了公众的热议。

在接下来的一段时间，越来越多的人见识了这款神奇的眼镜。3月4日，在中央广播电视总台的《一年之计看两会》直播间，主持人王言戴着智能眼镜主持节目。在此过程中，王言不用看提词器，一边讲话一边移动位置，让电视直播节目的形式更丰富。

十天后，武汉市江夏区召开科技创新大会。会上，江夏区委书记张斐平视前方，滔滔不绝进行了半个小时的发言。当然，这并不是因为他的记忆力特别好，而是他也戴上了智能眼镜。

这几位佩戴的都是同一款名叫 Rokid Glasses 的智能眼镜。这款智能眼镜，采用了人工智能、虚拟现实、增强现实等多种技术，可以在镜片上投射出文字等内容，而且不影响人的正常视觉。研发 Rokid Glasses 的，是杭州的一家高科技企业——杭州灵伴科技有限公司。上面第一位引起公众关注的演讲者，就是灵伴科技的创始人、首席执行官祝铭明。

建造一座虚实交融的巴别塔

人们常常用"十年磨一剑"来形容武林高手，开发出 Rokid Glasses 的灵伴科技，也刚好走过了十年的时光。

2014 年，灵伴科技在杭州西溪湿地里一片富有艺术气息的区域成立。成立之初，它就将自己定位为一家专注于人机交互技术的产品平台公司。公司最开始研发的产品是智能音箱，随后，它将注意力转向智能眼镜。

灵伴科技是幸运的。创业公司的一大难题是缺乏资金，而灵伴科技几乎没有为资金问题发过愁。出身"阿里系"的祝铭明在创业之初，便从其老领导，阿里巴巴集团"十八罗汉"之一、现任首席执行官吴泳铭处获得了 200 万美元的投资，得以安心进行技术钻研。

在接下来的岁月里，由于灵伴科技产品的高科技属性，资本市场一直十分青睐这家生机勃勃的企业。截至目前，灵伴科技已经完成13轮融资，总额累计超过35亿元，其中IDG资本、元璟资本与线性资本一直从天使轮投到了B轮。公开发布的信息显示，灵伴科技最新一轮融资是在2024年9月，获得了近亿元战略融资，投资方为武汉市江夏科技投资集团有限公司。

目前，灵伴科技智能眼镜的商业化落地方向主要有三个：文旅、消费和工业。像开头提到的那种眼镜，虽然大多数人可能还没有戴过，但在其他很多领域，灵伴科技已经大显身手。

2024年10月12日，神舟十四号航天员陈冬在"天宫课堂"第三课中，佩戴了灵伴科技的AR眼镜X-Craft。通过电视直播，全球观众首次以航天员的第一视角"沉浸式"体验了太空实验。这款眼镜不仅让地面与太空的互动更直观，更标志着人类历史上首款在太空服役的AR产品正式亮相。

灵伴科技的AR眼镜之所以能登上中国空间站，源于其技术突破与极端环境适配能力。在零下40摄氏度的极寒油田、核电站高危场景中，灵伴团队已积累了丰富的工业级经验。例如，为航天员定制的"梦境"系列AR头盔，不仅能在太空微重力环境下稳定运行，还能通过AI实时标注设备故障点，误差不超过2毫米。

太空场景对设备的可靠性要求极高。传统AR眼镜依赖外部网络和复杂操作，而灵伴科技的产品通过本地化AI模型（如DeepSeek）实现了离线智能交互。航天员只需通过语音或手势，即可调取实验步骤提示、设备参数等关键信息,大幅提升工作效率。

除此之外,灵伴科技的智能眼镜也应用在了部分工业领域。在生产车间,工作人员戴着智能眼镜,就能对生产环节进行拍摄扫描,再将实时画面传送到技术支援中心等部门,让更多的专家和管理人员及时直观了解到生产状况,以便更好地进行技术协作、判断决策。国内一家核电站借助该技术,将新员工培训周期从6个月压缩至15天。

在工业、安防等领域,灵伴科技的智能眼镜的重要性体现得特别明显。这些领域往往存在一些有毒、有害、危险的空间,灵伴科技的智能眼镜能够通过人工智能、增强现实等技术,更好地对当前环境进行扫描分析,发现存在的风险与隐患,为决策者提供科学高效的技术支持,寻求最佳解决方案。

如果说,上述领域离大家的生活有些远,那么,在一些博物馆等地,大家可以真切地体验一下Rokid Glasses的魅力。

在杭州良渚博物院,参观者戴上Rokid Glasses,望向文物,然后伸出手指隔空作出点击的动作,Rokid Glasses就能自动识别文物,在参观者的眼前生成文物的三维立体图案,包括文物的剖面图等,就能让文物"活"起来,帮助参观者更直观地了解文物的信息。这种栩栩如生的展示,受到了青少年和儿童的特别欢迎。

在敦煌，游客戴上Rokid Glasses，千年壁画能动态展示它的颜料调配过程，甚至还原画工的笔触细节。有敦煌学者体验后感慨："这些色彩与千年前一模一样。"

从外太空到地球，从工业到文化，灵伴科技的智能眼镜正在建造一座"虚实交融的巴别塔"。

一帮长期主义者的十年坚持

灵伴科技创始人祝铭明原本是一名文科生。1993年，祝铭明从江西鹰潭考入浙江大学人文学院行政管理专业。但本科毕业后，他却弃文从理，转入浙大网络多媒体实验室攻读硕士，并最终在美国加州大学伯克利分校拿到了计算机专业的博士学位。

2007年，祝铭明学成归国。他决定自主创业，开发一种让人与信息交互更便捷的产品。在选择创业地点时，祝铭明回到了熟悉的杭州。在杭州，祝铭明成功研发了一款名叫"猛犸"的手机操作系统。后来，阿里巴巴收购了猛犸科技，祝铭明也随之进入阿里巴巴，从事机器人、图形图像识别、二维码扫码相关技术的研发。

从创业者到互联网企业的研发人员，虽然身份发生了转变，但祝铭明依然想着开发一种人与信息快速交互的产品。2012年，机会来了。

那年，祝铭明应邀去硅谷参加谷歌的新品发布会，当他看到谷歌的工程师戴着智能眼镜在旧金山上空跳伞拍摄的场景时，感到心脏在狂跳。事后祝铭明将自己的真实感受发到了朋友圈里："第一个感觉，它会改变这个世界，这个技术一定会改变这个世界。第二个感觉，我们一定可以做得比它更好。"

从那时候起，祝铭明开始重新规划自己的未来。考虑到阿里巴巴的企业文化中缺乏硬件的基因，他觉得，要想实现自己的目标，必须出来创业。2014年，祝铭明离开阿里巴巴，二次创业成立了灵伴科技。

美国斯坦福大学商学院的一项研究认为，从年轻时就开始的连续创业者常常会非常成功。因为连续创业者通常会在工作中不断学习。他们是一个精进的群体，是真正的实干家。还有一种观点认为，连续创业者是在这个领域不断尝试、学习的人，在此过程中，他们也在修正错误，相信做任何行业1万个小时都会成为专家，创业也是如此。

而祝铭明的成功不仅在于他是一名连续创业者，更在于他和他的团队成员都是技术长期主义者。

从创业伊始，灵伴科技就认定了人机交互这个技术方向。祝铭明认为，人机交互更简单的方式，应该就是语音，就像大家聚在一起聊天一样，人们说一句话，机器就能听懂，然后完成人的指令。

这一理念也是Rokid这个品牌名称的来历。Rokid，是英语Robot（机器人）和kids（孩子）的组合。祝铭明和后来的创业伙伴们都认为，他们要研发出的产品，应该像孩子一样成为家庭的成员，陪着大家，一起成长。

要实现这个目的，需要从硬件到软件进行一系列的有机融合。为了支撑这些研发，过去这些年灵伴科技进行了多达13轮的融资。但和大多数公司不同的是，大多数公司通常在进行三四轮融资后就会着急寻求上市，以便创始人和高管团队能够及时变现、落袋为安。而灵伴科技的13轮融资中很多都是战略融资，目的是更好地打磨技术，实现关键领域的革命性突破，以便在智能眼镜这个产业赛道上"绝杀"包括谷歌在内的全球竞争对手，而不仅仅是赚钱。

经过十年来的不断研发，如今的Rokid Glasses，在硬件上实现了将主板、电池等核心组件集成于框架之中，让这副智能眼镜的外观看上去更像一款普通框架眼镜，从而不断提升用户的接受程度。通过一体化设计，在包含镜片的情况下，Rokid Glasses的重量仅49克。

而在内核上，Rokid Glasses融合了人工智能、虚拟现实、增强现实等多种高科技，能在不影响用户正常视线的同时，通过透明镜片展示清晰的虚拟界面，实现信息叠加显示效果。而且，这一虚拟界面展示的位置大概相当于人的视线望出去6米远的地方，较好地保护了用户的视力。

随着技术上的持续完善，灵伴科技终于开始准备往C端发力。未来我们可能在路上见到这样的场景：人们带着Rokid Glasses只要说一句话甚至简单的几个词语，它就能拍照、摄像，能随时翻译外语，能在你骑自行车、驾驶汽车时在你眼前呈现导航路线，它还能回答你的问题，让你享受音乐的陪伴。这样的眼镜，市场前景无疑是广阔的。

灵伴科技创新背后的杭州因素

Rokid Glasses爆火以后，很多人分析其成功原因，除了连续创业者、长期主义者等内因外，所在地杭州这个外因也至为关键。

灵伴科技的创始团队成员大多毕业于杭州的高校，和其他地方的大学不同，杭州的大学无论是浙大这样的顶级名校，还是浙江工商大学、浙江理工大学等省属高校，普遍都弥漫着一股浓郁的创业氛围。教授办公司、学生边求学边创业等情况，在杭州的大学里十分普遍。而各大高校也对学生及校友创业给予大力支持。

早在21世纪初，杭州就成立了两个国家级大学科技园。一个由浙江工业大学牵头，与浙江理工大学、当时的中国计量学院、原来的江干区政府共建的浙江省国家大学科技园，位于城东九堡附近。另一个则是浙江大学科技园，位于城西古荡地区。

两个园区以相关大学的科研成果和培养出来的高新技术人才为基础，整合政府、社会各类资源，形成了一种科技和产业相结合的孵化模式。

除此以外，杭州其他高校也都有功能相似的创新创业平台，打通大学的课堂、实验室与企业，根据市场需求，提供有针对性的科研教学，培养了一大批知识扎实又有创新创业意识的人才。这样的人力资源供给，支撑了杭州众多高科技企业的发展，形成创新创业的良性循环。比如浙江各大高校校友企业所形成的"高校系"，甚至还成为杭州"创业新四军"之一。

灵伴科技的创始人祝铭明就是"高校系"成员之一，而他身上的另一个标签则是"阿里系"。事实上，不只是阿里巴巴，过去20年，杭州积累了一大批互联网、高科技企业，这些企业的成员有不少后来"单飞"创业。

灵伴科技的团队中，就有很多在互联网科技大厂历练过的人才。比如其联合创始人向文杰，曾担任阿里云OS高级产品经理、淘宝电影产品负责人；副总裁周军，则在三星半导体（中国）研究所任职长达13年之久，主要负责应用处理器平台方案开发和芯片开发工作。据悉，当时三星半导体（中国）研究所有近一半的人才加盟了灵伴科技。

丰富的科技生态对于创业团队的加持，不止于人才的输送，很多时候还伴随着资金的支持。前面提到，灵伴科技的启动资金就来自吴泳铭的个人投资。而在灵伴科技后续的发展过程中，元璟资本等"阿里系"资金也持续对其进行了投资。

这些因素最终都汇聚成为杭州肥沃的创新创业土壤，身处其中的创业者唯一需要做的，就是努力向上生长。当然这个过程也不平静。以灵伴科技所处行业为例，从2025年年初以来，智能眼镜迅速完成了对大众的知识普及。现在已有一批企业进入到人工智能眼镜领域，甚至有人说，接下来的一年将出现"百镜大战"的局面。

面对行业竞争，灵伴科技团队倒是保持了谨慎的乐观与自信。他们认为，真正的人工智能眼镜，一定要在镜片上显示出多种信息。如果做不到这一点，那本质上就只是"蓝牙耳机＋摄像头"。而在人工智能镜片的光学显示方面，Rokid Glasses目前在全球都居于领先地位。

不过灵伴科技团队也承认，目前人工智能眼镜真正爆发的时刻还没有到来。相关负责人以iPhone为例，在iPhone出现以前，人们使用智能手机，往往要用一支触碰笔进行操作。iPhone诞生后，人们只需要点一下手指头，就能在电容屏上完成各项操作。iPhone的出现，推动了智能手机及移动互联网的大规模应用，具有划时代的意义。而人工智能眼镜，就在等待这样的一个时刻。

虽然谁也没法预料那一刻何时能到来，会否在杭州到来，但就像祝铭明在接受媒体采访时说的："手机让人低头，AR让人昂首。"这话既是科技向善的生动体现，或许也将重塑人类认识世界的方式。

05
炽橙科技：工业领域的Manus何以从杭州而来

Manus的大火给全社会普及了什么是智能体[*]，业界普遍认为，2025年是智能体落地的元年。

不过，你可能没有想到，在工业制造领域，已经有工业AI智能体实现了落地应用。

核电站作为高风险设施，其巡检和维修一直要遵循严格的安全、技术和操作规范。比如维修人员要穿上专用的防护装备，严格遵守操作规范，并在规定时间内完成检修，从而避免过长时间暴露。

如何能更准、更快、更稳地实施巡检、维修，关系到核电安全生产和操作员的生命健康。与之相关的是，如何让操作人

---

[*] Manus是由Monica.im研发的全球首款AI智能体产品，于2025年3月6日正式发布。智能体是指能够感知环境并自主采取行动以实现特定目标的实体。

员能更全面、快速、安全地掌握条目众多的安全生产知识与复杂的标准化操作程序，这也是核电安全生产体系建设的一大挑战。

工业智能体到来后，这个难题多了新解法。

Gnosis多智能体-装备AI维修助手，基于国产智能底座软件系统，实现了对多个核电站的运维与检修的操作规程三维数字化、可视孪生仿真、智能知识工程构建。

培训时，操作员可以在模拟零辐射生产环境里，练习相关检修操作，用自然语言就能与智能体交互，获得检修指导和操作提示。检修现场，智能体还可以自动标注生产环境里的疑点，通过AR眼镜与后方专家联动，解决疑难问题。

有了这个工业智能体，企业可节省50%以上的培训时间，现场检修效率能提升10%—30%，精准度大幅上升，难度大幅下降。

上述装备检修助手背后的技术支撑来自炽橙科技，一家杭州创业公司。当Manus还停留在通用场景，炽橙科技却能在汽车、装备制造等多领域企业里落地装备AI维修助手，这与它基于过去十年在工业领域的深厚积累，打造出的生成式多智能体系统密切相关。

Gnosis生成式多智能体系统，能理解复杂的工业知识、感知动态环境、执行自主决策、协同解决问题。相比数字化时代基于工业软件实现的感知式智能,工业智能体能实现"知识＋经验＋推理"的完整闭环。这也突破了传统工业智能的边界,有望蹚出新一代工业智能的落地路径、构建全新的技术架构和应用范式。

工业制造领域,一场大重构开始了。

这一幕比想象中早来三年,炽橙科技首席执行官纪尧华告诉我们。这一发展的加速剂正是以DeepSeek为代表的大模型技术的快速进步,市场上工业制造企业的大量智能化需求正前所未有地被激发出来。炽橙科技过去几个月也收到大量客户反馈,企业纷纷提出要基于新一代的生成式AI能力来解决工厂的一线问题。

市场旺盛的需求推动了炽橙科技的生成式多智能体系统及相关技术架构的研发进程,以及以智能体为载体的应用落地。工业装备检维修及故障诊断处理是其中的一个典型应用。

一家杭州创业公司靠什么快速切入工业智能体赛道,并实现产品落地?

这当然不是灵光一现的产物。回溯炽橙科技过去十年的发展历程,你会发现它的故事无关风口热点,而是一个长期主义者,在新技术浪潮深刻变革产业结构之际,基于长期积累,获得新的发展机遇和比较优势的故事。

球滚到了一直在场的人的脚下。

一场产业大重构

AI大模型正在成为工业软件市场的新变量。

提到工业软件,几乎所有人都能马上联想到那四个字——"缺芯少魂"。芯是芯片,魂则指以操作系统、工业软件等为代表的基础性软件架构。

过去几十年,海外企业已凭借先发优势占据了市场的主导地位。比如,在CAD*研发设计类领域,法国达索、德国西门子、美国参数技术公司(PTC)以及美国欧特克公司(Autodesk)等是主要玩家;而在CAE†仿真软件领域,美国安斯科技(ANSYS)、澳汰尔工程软件(ALTAIR)、诺世创(MSC)等公司占据了市场绝大多数份额。

国内企业正拼命追赶,希望能压缩海外几十年的发展历程,在核心领域里加速实现自主化替代。

但一个不争的事实是,工业软件胜负手往往在海外巨头们积累几十年的优势点上,比如机理模型,来自企业常年从垂直领域工业积累的行业技术诀窍(Know-How)。以达索为例,它

---

* 即Computer-Aided Design,计算机辅助设计,一种利用计算机软件和硬件进行产品、建筑、机械等设计的数字化技术。

† 即Computer-Aided Engineeing,计算机辅助工程,一种利用计算机软件和仿真技术来辅助进行设计、分析和制造产品的技术。

能将3D设计、虚拟仿真等能力应用到建筑、铁路、医疗等领域，与这家企业在飞机发动机领域常年的积累密切相关，后发者很难在短时间内实现超车逆袭。

大模型出现后，市场演进方向逐渐发生了一些变化。

最突出的是，基于大模型技术去变革和赋能工业制造，正成为过去两年里全球工业智能国际竞争的最前沿。

国际数据公司（IDC）的一份报告显示，2024年有37%的全球头部制造企业投资了大模型，与上年相比提升了10个百分点。而国内工业企业大多从2023年下半年开始单点探索大模型应用，经过一年多的探索，头部工业企业基本上都发布了自己的大模型，并已初步形成应用落地。

基于大模型重塑工业制造的尝试，涉及生产优化、质量控制、设备维护、供应链运维管理到智能决策、知识管理等诸多场景。

一份报告指出，AI与大模型将加速赋能新型工业化，2022—2032年，工业AI市场规模将以46%的年均复合增长率高速成长。

行业资深人士观察，伴随着这股大模型探索潮，一场大重构正在发生。纪尧华就认为，大模型技术给工业制造现场带来了三重变化。

最明显的是交互范式的变革。传统工业软件需要专业人员依据各类表单操作，而大模型驱动的自然语言交互，一线操作者可以用对话或者语音的方式直接与新型工业智能对话，这将极大地降低工业智能的使用门槛。

决策路径也随之发生极大的变化。传统的感应式智能需要基于传感器数据和预设规则来监测、分类并完成简单决策，它依赖机理模型、规则引擎等形成的固有流程。而生成式AI，可以通过无监督学习从海量时序数据里提取新的模式和规则，它生成的新内容和解决方案，有望突破传统AI的局限。

另外，企业内的知识传承也不再依赖于人工经验编码的机理模型、规则，在大模型的加持下，企业有望基于各类结构化、非结构化数据形成一个知识大脑，可动态调用。

大重构之下，国内企业可以不再沿着数字化时代工业软件巨头们的优势领域，如机理模型等，按图索骥地打造工业智能。

一个换道超车的机会正在出现。基于AI大模型的能力，依托已有的数据融合底座，国内企业有望重塑传统工业软件。

当然，业界也有共识——单靠通用大模型的问答交互解决不了工业制造的问题，大模型只有在工业制造场景里完成各类复杂任务，才能真正创造价值。工业垂域大模型、场景内数据的质与量以及能打通海量设备数据的智能底座，都关乎新型工业智能的智能程度。

在这一背景下，什么才是新一代工业智能的落地路径，如何构建工业智能的技术架构和应用范式,这两个难题成为当下行业将大模型落地工业制造共同面临的大课题,也是工业制造能够完成从数字化到智能化跃迁的重要挑战。

围绕着这些命题,当下中国企业和海外巨头站在了同一起跑线。

炽橙科技的装备AI维修助手,利用以DeepSeek为代表的大模型能力,基于可交互数据底座,具备知识连接、复杂推理和行动执行能力,实际上展现出了新一代工业智能解决产业问题的潜力,也让大家看到一条有望被规模化复制的落地路径。

纪尧华对此充满了兴奋感:"我们过去十年都深耕工业制造领域,新技术浪潮给了中国企业这样的机遇,炽橙科技就站在大模型技术变革工业场景的路口,恰逢其时。"

长期主义者撞上了大模型浪潮

工业智能体的落地应用并非一蹴而就。不同于通用人工智能在C端[*]的尝鲜式应用,大模型技术要解决工业制造场景的问题,要克服一系列挑战。

以核电站的检维修场景为例,除了接入通用大模型,是否有相关设备的操作规范和复杂设备的零部件组成等数据,这些

---

[*] 指消费者,个人用户端。

垂直领域数据的质量以及完备程度，都将极大地影响装备AI维修助手的智能程度。

纪尧华将落地挑战总结为三点，数据质量与完整性、工业细分领域知识的深度理解和跨学科知识交叉的场景复杂度。

从原来的工业数字化到现在的工业智能化，纪尧华认为中间特别重要的就是软件的基础设施。"没有新型工业底层软件，就没有足够的高质量数据集和实现数据贯通的手段，工业智能就无从谈起，产业AI就无法真正落地。"

而炽橙科技装备AI维修助手之所以能在核电场景快速推进，他们的工业智能交互底座（CCHUB）就扮演了上述新型工业软件的角色，并且他们还探索出了一条被垂域行业专家们认可的可复制落地路径——工业智能交互底座，能解决多源异构数据融合问题；基于底座建立轻量化、零代码、可视化工具体系（超真云平台），能以自然交互方式智能化生成内容；新型知识工程，能实现多智能体可控协作。

而回看创业历程，十年前纪尧华拉起一支队伍创立炽橙科技时，其实并没有预料到能构建一个巨大的底座，还迎面撞上新一波人工智能浪潮，并成为新一代工业智能落地探索的重要基础设施。

纪尧华创业在2015年，那年他进入工业制造领域已是第十个年头。十年时间，足够一个年轻人从一线工人晋升成长为一家集团公司的管理人员,但纪尧华认为自己做的许多事仍然在重复行业以往的经验和动作,隐约觉得有些不足。彼时正值全国"大众创业、万众创新"浪潮,纪尧华萌生了一个念头,能不能基于过往积累和对行业的认知,干点不一样的事,实现行业的变革。

当时,深度学习浪潮正迎来第一波产业落地,比如机器视觉公司就找到了安防这个最大的落地场景。

计算机视觉和语音技术的发展都进入了新阶段,纪尧华认为,整合这些技术可实现3D立体呈现,能实现复杂知识的可视化,在工业维修和培训等场景,可以极大程度地降低人们认知和掌握领域知识的门槛。

工业产线出故障,动辄是数以万计的损失。而可视化能力的提升,能显著强化设备的可维护性和易操作性,这给产业工人的培养、工业的运行效率和节奏,包括安全应急的处置等场景都带来不小的变化。

当时,浙江大学工商管理专业出身的纪尧华与浙大校友圈互动频繁,经常与浙大图形图像学的技术圈接触。行业内都知道,浙大计算机辅助设计与图形学(CAD&CG)国家重点实验室是国内图形图像领域首屈一指的国家级实验室,这里的技术骨干和培养出来的人才,不乏国内产业界的技术中坚。

炽橙科技创业,就是基于浙大在图形图像学领域的技术积累,以可视化这一差异化能力,切进了工业培训赛道。超真云3D编辑平台是这家公司的第一款产品,之后炽橙围绕着这个产品打造了一系列场景型应用。

比如,最开始的产品立体课堂就是基于超真云3D编辑平台,在职业教育场景做出的场景应用。基于这个编辑器,用户可以自主地在这个零代码平台开发内容,它具备实时渲染、可视化3D交互、一键分发、全端适配等能力,职业院校可以用它生产工业拆装调试等场景内容,更好地去做虚拟实训。

一家创业公司的产品能打开新市场,固然得益于通用性技术的进步;但能坚定扎根工业领域,则与这个团队的技术情怀密不可分。"基于3D可视化其实也有其他应用的场景。但那时候我们想,要创业就要做更难的事,工业制造这个领域无论从价值创造还是国家需求角度,都是长期的难而正确的事。"

发展过程中,炽橙科技也形成了一个长期目标——要做"中国制造全连接工具链"。在这一愿景的驱动下,伴随着客户需求的增加,炽橙科技的能力也逐渐进化,形成了全链数据贯通和可视交互的能力,一个新型智能交互式数据融合底座工业数据中枢和百万级的多模态工业数据的数据集也逐渐成形。

正是这些积累,为大模型时代炽橙科技快速切入工业多智能体领域,打下了良好的开发工具与数据沉淀基础。

工业姓"工"

工业智能体要解决企业一线问题,不同于一般通用场景,容错空间极小,一位智能体行业人士曾告诉我们,他们开发的智能体主要应用在电商、运营商等行业,工业制造由于场景内要求高,一旦准确率不达标就可能影响生产流程,造成不少的原材料浪费,严重的时候甚至会造成生产安全事故,影响生命财产安全。

垂域知识工程建设的重要性由此可见一斑。

早在2022年年底,炽橙科技在底座能力成形后,就基于多源异构数据、碎片知识等,构建系统化、可视化知识平台。工业场景里,有了垂域知识图谱,就可以更好地反映数据间的关联,实现归因分析、数据挖掘、知识检索等功能,助力生产、运维等环节提升知识传承与使用的效率与效益。

也是在这一时期,ChatGPT问世,这个革命性产品一问世便很快席卷全球,并打破了最快突破1亿用户的纪录。炽橙科技的知识工程能力也在这波浪潮里升级成了Gnosis真知工业垂域大模型。通用大模型缺乏垂直领域数据与知识体系,难以理解工业术语,而工业垂域大模型则能够理解复杂工业指令。

当然,人们很快也发现,有了垂域模型,仅靠问答和对话机器人也不能满足工业现场的需求,制造企业更需要的是能基于设备的非结构化数据，理解复杂场景，进而实现自主认知和决策闭环的工具和解决方案。基于这一判断，炽橙科技很快就分出了一支专门的技术分队，探索工业智能体系统。

2024年下半年开始，大模型市场开始从智能助理（Copilot）到智能体的演进，基模技术进步和推理成本下降，推动了智能体应用态势。而工业制造领域，炽橙科技此前的数据底座能力和丰富的垂域数据积累以及知识工程能力，为工业智能体落地路径的探索、技术框架的搭建和打造落地应用奠定了良好的基础。

2025年以来，DeepSeek-R1出来后，大模型深度推理、深度思考的能力有了比较大的提升，业界认为，"大脑"更聪明了，指令遵循准确率会更高，能更好地拆解任务，完成调度和行动。目前，炽橙科技已经收到了许多企业的场景共创需求。

不过，炽橙科技团队依然十分谨慎地选择工业智能体的先行落地场景。他们判断，在工业制造一线，大模型应用当前可行的场景主要围绕着设备预测性维护、工艺参数优化、质量异常分析、知识沉淀与传承等领域展开。

尤其是装备运行维护领域，市场需求大，能给客户创造明显的价值，炽橙科技选择从这里优先扎根。而在化工行业的自动生产决策和装备制造领域的设计辅助和仿真优化场景，当下无论是基础模型能力还是领域数据的长期积累仍有待提升，属于未来可拓展的方向。

他们对技术在当下能做什么，不能做什么有明确的把握，以问题为导向，从第一性原理出发来解决问题。这种行事方式，来自这支深耕工业市场的团队从过往发展历程里积累的经验。

炽橙科技团队在创业最初两年就体悟到，要充分考虑市场需求，要以合适的产品去承接市场需求，经济性影响产品能否规模化落地。他们认为，工业姓"工"，到了工业场景就需要算性价比和投入产出比，技术型团队往往最难闯过这道坎。

当时，他们打算基于可视化能力，在装备检维修场景中做培训、实训和实操演练。杭州一家本地的泵阀类企业对这个方向产生了兴趣。炽橙科技铆着劲头想在眼镜上打造一个培训实训环境，于是先基于Unity的软件，在HTC的眼镜和微软的HoloLens[*]上开发了两个泵阀检维修的内容。

开发完成后，问题来了。两个部门检维修的内容开发成本大概60万元，加上眼镜费用，成本接近100万元。而泵阀厂家在市场上愿意付费大概在5万元，差距非常大。

这让他们意识到技术经济性的重要性。最终他们找到了当时技术条件下更经济的轻量化方案，打造出了炽橙科技引爆市场的第一款拳头产品——超真云3D编辑器。

---

[*] 一款混合现实头戴式显示器。

大模型时代，炽橙科技也依然务实，定位"卷'小'不卷大"，采取大小模型结合的技术，来确保产品真正解决面向场景工业一线的问题。

生态作战

当下，正值工业制造领域从数字化向智能化跃迁的起步阶段，大重构刚刚开始。

新的时代，竞争的逻辑也在悄然起变化。

不同于上个时代工业软件功能相对单一的应用模式，智能体时代，工业智能更像是一个开放系统。

以炽橙科技的生成式多智能体系为例，纪尧华认为，AI大模型加上工业智能交互底座这个数据解析底座，可以与知识图谱、数字孪生等技术结合，也可以接入企业已有的工业软件能力及数据，从而辅助优化决策。

对市面上一些已经非常成熟的能力，多智能体系统不用重复造轮子，可以直接封装到多智能体系统中，支持多源异构数据融合去完成企业用户希望实现的内容，最终形成更大范围的智能中枢。

目前，海外巨头里英伟达Omniverse平台也在朝这一方向演进，中国玩家正与海外巨头同步发展。

在这场重构里，中国企业处在独特的竞争生态位上。目前国内有最完整的工业体系,是工业智能演化的绝佳土壤。同时,大量的企业有强烈的意愿来推进工业智能体的建设。

炽橙科技位于杭州,纪尧华在炽橙科技的成长历程中又充分感知到了杭州这座城市各类创新要素汇集后对创业企业的激发作用。

创业之初来自浙大的技术支持带来的影响自不必提,浙大校友圈链接出去的产业生态,也有助于炽橙科技打造产业朋友圈。这些位于中国市场经济最发达地区的企业家们有意愿有能力与技术服务商携手共创,让创新性解决方案找到合适的落地场景。

而在当下,杭州的创新要素汇集等特性,又能给参与这场大重构的企业提供一个创新加速度。比如创新产业链完整,同一个城市里既有基础模型企业,又有具身智能公司,还有场景应用方,企业可以更快去完成概念验证(POC)和落地闭环。

"这也是一种天时地利人和。"纪尧华说。

路径和方向已经明确了,技术路线上也可行,但纪尧华也坦言,这个多智能体系统要真正发挥出巨大的价值,还面临开放度的挑战。

To B场景不同于To C应用,它不是单点突破的独角兽,而是需要建成一个产业级生态,需要与企业内已有的数据和系统融合对接,也需要能调动更多的开发应用加入。

炽橙科技的务实特性，在他们对多智能体系统的落地路径上又再次体现了出来。这是一个循序渐进的过程。

最开始，一些企业是对单点、高频应用比如智能检维修助手感兴趣。比如此前一段时间里，炽橙科技就接待了非常多的到访客户，他们在了解工业智能体的过程中发觉到工业智能交互底座的重要性后，又掉头开启企业内数据的梳理和准备工作。

而数据贯通这个基础工作做好后，企业发觉智能体会越用越智能后，一些检维修场景之外，比如，生产协同、辅助决策和仿真分析，可能就会产生新的智能体落地需求。

要满足这部分需求，就需要更丰富的行业数据。它不掌握在单一的组织里，而是掌握在不同行业的大型工业设计院（所）手中。2025年开年这波DeepSeek热潮，推理模型能力的快速进化，让许多相关的组织基于手头数据去推进工业智能的意愿前所未有的强烈。炽橙科技也得以与不少细分行业里的头部工业设计院（所）合作，加速打造跨区域产业数据集。

围绕着更多行业、更多企业的多样化工业智能体落地需求，炽橙科技还在多智能体框架里规划了一个新角色，"炽橙AIDT-IND"系统。这是一个工业AI孪生态多智能体开发平台，未来它能囊括更多企业内的典型知识积累和场景应用。

当前阶段，炽橙科技已经开始规划开放接口和二开功能，先让其他行业的用户或者生态伙伴可以加入智能体的构建过程中来。

伴随着越来越多的应用生态构建，基于融入了大模型能力的多智能体系统会在工厂和制造业企业的管理运行中逐渐扮演大脑的角色，成为工业智能体的智能中枢。

这是一个生态群落"打群架"的过程。炽橙科技认为，更开放协作是国内企业在这场弯道超车的竞赛里获得发展加速度的另一大关键点。

"在正确的时候做的一件非常正确的事，这件事有点难，有点煎熬，但很值得。"纪尧华说。

第 3 章

为何是杭州：政府、人才与市场的良性互哺

在"六小龙"爆火之前,很多人对杭州的印象就是阿里巴巴,就是电商,就是网红经济。但是2025年1月22日,当宇树科技的十几个人形机器人身着秧歌服、手持红手帕登上央视春晚舞台,与舞蹈演员们默契配合,上演创意融合舞蹈《秧BOT》的那一刻起,外界过去对杭州的刻板印象被一扫而空。

很多人都在问:为什么是杭州?

但其实,从旅游城市到电商之都,从数字经济第一城到人工智能重镇,杭州的发展与转变,是偶然也是必然。

21世纪初,全国上下刮起了一股"退二进三"的浪潮。"退二进三"是中国城市发展中推动产业结构调整和空间布局优化的重要举措,其核心是通过引导第二产业(工业)从城市中心区域退出,腾出空间发展第三产业(服务业、商业等),以实现土地集约利用、产业转型升级和城市功能提升。在当时人们的认知中,第二产业意味着"傻大粗黑",是落伍的产业,相反,第三产业代表着效率、绿色与未来。

这波浪潮中，杭州是冲在最前面的城市之一。

本书第一章中我们曾提到，在2000—2010年这段时期里，杭州将原先集聚在市区范围内的大批工厂或关停，或外迁。这种大规模的关停、搬迁，直接导致杭州第二产业增长放缓。《2009年杭州市国民经济和社会发展统计公报》显示，2009年杭州GDP 5098.66亿元。其中，第一产业增加值190.25亿元，比上年增长3.2%；第二产业增加值2434.89亿元，比上年增长5.5%；第三产业增加值2473.52亿元，比上年增长13.9%。三次产业比重分别为3.7∶47.8∶48.5，第三产业占比首次超过第二产业，形成了以现代服务业为主导的"三二一"产业结构。

单看这些数字可能没有太大感触，但与全国其他城市进行对比，同期苏州、深圳等城市仍以工业为核心竞争力。比如苏州2009年第二产业增加值达到4642.92亿元，几乎是杭州的两倍。这也意味着，当杭州开始步入"后工业时代"，而苏州、深圳等城市仍保持工业主导的经济结构。

直到今天，杭州的工业增加值、工业总产值、规上工业营收等几项关键数据的全国排名都远低于杭州的GDP位次。2023年，杭州的制造业增加值只有4984亿元，是GDP排名前十大城市中唯一一个工业增加值不到5000亿元的。

这使得杭州在后来很多年里被舆论指责"错过了工业""放

弃了工业"，以致城市缺乏实业、产业偏虚。但客观来讲，杭州选择放弃成为苏州、宁波那样的制造业强市也是被逼无奈之举，主要原因就是没地。

根据各地国土空间总体规划（2021—2035年），GDP排名前十大城市的"城镇开发边界"分别为上海3200平方千米、北京2860平方千米、深圳1130.74平方千米（不含深汕合作区）、重庆1544.4平方千米、广州2135平方千米、苏州2651.83平方千米、成都2361.2平方千米、杭州1647.9平方千米、武汉1813.35平方千米、南京1492.53平方千米。

市域总面积全国最小城市之三分别为深圳、重庆以及南京，杭州的"城镇开发边界"则排名全国倒数第四，比苏州小了1000多平方千米，甚至也不及省内的宁波（1681.25平方千米）。而土地资源是发展工业的一个关键要素，土地指标少必然导致工业总量上不去。

但即便如此，杭州依然是拥有制造业上市公司最多的省会城市。光是世界500强的制造业企业就有五家。以产量计，吉利已经是仅次于比亚迪的全国第二大汽车生产集团。难怪有人说，杭州不是"放弃了制造业"，只是"放弃了制造业GDP"。

当然不管是"放弃了制造业"，还是"放弃了制造业GDP"，传统工业的"出清"，客观上给新兴产业的发展腾出了空间。毕竟，任何产业的发展，土地都是"必需品"，也是"基础款"。

而马云的出现与阿里巴巴的诞生,则让这种"腾挪"的价值得以显现。它使杭州偶然间走到了全国互联网电商产业的最前头,也奠定了此后近20年杭州新兴产业腾飞的起点。

和今天杭州无数创业公司一样,阿里巴巴起初也只是一家窝在民房里默默无闻的小公司。类似的公司那时候在全国各地还有好多。杭州的优势只在于房价比较便宜,创业成本相对低廉,政府办事也比较规范,没有消防、工商、税务部门动不动就上门轮流查个遍。另外就是,创始人马云是杭州人。

由此看来,阿里巴巴出现在杭州带有很大的偶然性,它跟北京诞生京东、百度、字节跳动有很大不同。而杭州方面一开始也没有特别重视它。此前,马云离开业务已有起色的中国黄页,离杭进京,出任国富通公司总经理,杭州没有"挽留"。2000年,拿到孙正义2000万美元投资后,马云将阿里巴巴中国总部从杭州搬去上海,杭州也没有"挽留"。

但杭州的难能可贵之处在于,虽然它不曾规划互联网电商产业,但随着阿里巴巴的快速发展,它却能及时调整战略,积极拥抱互联网电商等各类新兴产业,并在此后的20多年时间里,抓住了包括电子商务、网红直播、微短剧等各个互联网产业风口,成长为数字经济第一城。在此基础上,杭州又进一步升级产业,鼓励支持企业布局高新科创产业,最终催生了震撼世界的"六小龙",实现了从电商"软实力"到人工智能"硬科技"

的蝶变。

回顾过去20多年杭州产业经济的变迁史，杭州能取得今天的成绩，偶然之中又带有必然。在其背后，是杭州在政企关系、招商引资、人才政策、创新环境、城市精神等方面的一系列内功修炼。只有详细说清楚这些，才能全面完整地理解为什么"必然会是杭州"。

◇◆◇

01
"我负责阳光雨露，你负责茁壮成长"

很多人在讨论城市的产业发展时，总是喜欢将其归因于政府的产业政策是否有眼光，似乎产业是政府规划出来的。

这方面，经常被人拿来引为例证的是合肥。比如《广州日报》2023年时就曾刊文《合肥做对了什么？》，提到2008年合肥拿出三分之一的地方财政收入，引进当时亏损超过10亿元的京东方，建设国内首条液晶面板6代线。2016年，合肥产投与兆易创合作启动总投资1500亿元的长鑫存储内存芯片自主制造项目。2020年，合肥建投联手三级国资平台筹资70亿元，帮助蔚来走出"至暗时刻"……

这一系列出手精准的"神操作",被总结为政府培育产业的"合肥模式",也让当地在网上获得"全国最牛风投城市"的赞誉。但也有一些其他声音,认为合肥这种操作是一场"豪赌"。对此,时任合肥市委书记虞爱华还曾公开回应:"准确地说,我们不是'风投'是'产投';靠的不是赌博,是拼搏。"

另外,被誉为"新能源之都"的常州也有类似操作。早在2013年,常州强化顶层设计,明确新能源汽车及动力电池产业、新能源、智能电网在内的十大产业链。随后数年中,中创新航、宁德时代、蜂巢能源等纷纷在常州落户。当时有分析认为,当地具有抢抓产业"风口"的敏锐性和主动性。

不只是合肥、常州,还有很多城市在产业布局时选择了从"风口"出发,但不管承不承认,这种大规模的引进确实带有"赌博"的色彩,而"赌注"是一个城市的财政与未来。赢了,当然皆大欢喜,那输了呢?

当然,这并不是要否定政府在引进产业上的积极作为,在整合资源方面的主动性。但这种政策导向、行政意志色彩过于浓重的"风投"能否与当地的发展相匹配,又能走多远,是需要打上一个问号的。相对来说,杭州的"赌性"就没有那么大。

杭州不像一些城市热衷于挖龙头企业,反而更注重给予中小微企业充分的成长空间,愿意给所有愿意成长的企业更多的时间与空间，因为它相信"与其追风口，不如造风口"。

在一次采访中，群核科技品牌公关负责人王沛君说，杭州对初创企业在研发、人才以及办公空间等方面有针对性地支持，对于早期公司意义重大。当群核科技在对比了多个城市最终选择落户杭州后，创始人黄晓煌立马拿到了上城区政府提供的150万元补助，而且还是无偿的。这笔钱虽然不算巨款，但对于一个刚走出起步阶段的公司来说，简直就是雪中送炭。

这倒不是说杭州完全没有产业规划，如本书第一章中提到过的，仇保兴在担任杭州市市长期间，就曾在《杭州未来发展的战略选择》一文中为杭州设想了很多。尽管有些设想到后来并没能实现。但杭州市政府，在"追风口"还是"造风口"的问题上保持了相当程度的定力与耐心。杭州早年是全国产业政策干预较少的城市之一，就连如今已成为杭州城市名片之一的阿里巴巴，其诞生在杭州也具有相当的偶然性。

即便后来杭州提出要打造"数字经济第一城"，但也只是方向性的规划。更重要的是，提出这一口号时，杭州的数字经济已经如火如荼地发展了好多年，有了较为雄厚的基础。也就是说，杭州市政府并不是凭空规划发展数字经济的，而是在已有数字经济产业的基础上，出面"再推一把"，助力其发展更上层楼，登顶全国"第一城"。

对此，创业黑马集团董事长牛文文的评论堪称犀利。前不久，他在自己的视频号上发了一条题为《如果不是在杭州，DeepSeek很难活下来》的视频，提道：

> 现在很多城市都说：为什么DeepSeek没出现在我们城市里边？那你要问问你们（城市），如果这个公司、这个人在你那，能活下来吗？因为他们（幻方量化）是做量化投资的，不太"阳光"，又能很赚钱。如果你的城市去严管量化投资，怎么可能有DeepSeek？DeepSeek早期就是直接为量化投资做工具的。所以DeepSeek背后最大的拷问是，创新往往在不是主流价值观能够覆盖的地方产生的，那政府能不能有那个宽容度？动不动就干涉普通人的生活，干涉有点不太"阳光"的产业，你们想想看，这种地方怎么可能有创新呢？你们对游戏不能容忍，对区块链也不能容忍，怎么能容忍下一个量化投资的"幻方"，孵化出一个DeepSeek呢？DeepSeek能够活下来是因为在杭州，当地政府不仅不打扰，还保护它。所以我想说的是，创新不是规划出来的，而是迸发出来的。对于很多创新创业者来讲，不是那么需要政府特别的扶持。他们只需要你不要管，不要限制，创新背后不要太过道德审判，不要太过觉得他们不务正业。创新需要宽容，对产业的宽容度；需要法治，司法的宽容度。我们的牌照管理，营商环境的管理，几个

方面的"紧箍咒",都可能管到它,只有在没有这些"紧箍咒"的地方,才能出现DeepSeek这样的黑马。

当然,杭州政府也不是无所作为,相反他们大有所为,这种作为主要体现在政企关系上。当其他城市还在比拼税收优惠时,杭州早已悟透:最好的政策是"不折腾",最高的效率是"少盖章"。今天我们耳熟能详的许多关于亲清政企关系的话,比如"我负责阳光雨露,你负责茁壮成长""无事不扰、有求必应",最早都是杭州喊出来的。这些口号背后的意思,简单来说就是企业需要的时候政府要在,企业不需要的时候政府要适时退场。同时,不要那么功利,也不要那么势利,不要因为企业比较低微或者对GDP没有多大贡献,或者看上去有些异类,就去排斥、打压。

对此深有体会的杨峰曾在朋友圈里感慨:"我真的觉得,杭州不成功,就没天理了。"

杨峰是余杭区未来科技城企业市值风云的创始人,他们公司在整个入驻、补贴申请过程中,没请过一顿饭,没喝过一顿酒,没送过一根烟,政府部门透明、高效,给擅长干活而不擅长应酬的很多老板提供了最舒服的交流方式——房子帮你找好,房租减半;不需要你做PPT、不需要你做商业计划书、不需要展示你的各种各样的证书,整个入驻过程企业和政府就见过两三次面，整个评审会过程只有15分钟。在对接过程中，杭州政府部门更像是公司的人过来找你谈项目。答应你的政府补助（研发费用返还，而不是税收返还），按约定时间自动打款，直接到账，无须你再去跑腿，再去问，再去催，再去请客吃饭。事办完，政府部门的人就消失了，从不对你指手画脚，政府对接人的角色就是"有事你找我，第一时间给你办，没事就自动消失"。

杨峰后来在接受媒体采访时还提到，互联网创业公司早期很多是亏损的，对于一家创业型公司而言，政府突然说给你拨了100多万元的补贴款，之前没有任何电话通知，公司也没有人去跑腿办这个事情，补贴款到账之后，政府就给你发条信息提示，这都会让人很感动。另外，在余杭区把所有初创的科创企业老板拎出来，可能80%都是程序员，这类人也许不太擅长和政府里的人打交道。在原来的资源型社会、制造业社会里，老板是需要八面玲珑的，现在许多专业型老板，把本专业做到极致就可以了。余杭区政府最先适应了时代的变化，了解这个行业从业人员的性格特征，并尊重这种性格特征。因此，很多杭州的企业表示：杭州是懂老板的。

另外，杨峰还提到很重要的一点，那就是杭州市明令禁止"远洋捕捞"。很多企业大概都明白这项政策的分量有多重。

事实上，早在2020年公安部就印发了《公安机关异地办案协作"六个严禁"》,明确规定"严禁未履行协作手续,跨县及以上行政区域执行传唤、拘传、拘留、逮捕"。但此后类似事件依旧层出不穷。为此,2024年8月杭州市九堡派出所发布了一则《外地公安不得非法入企办案》的通知,提醒企业如果外地公安没有在本地公安的陪同下,"非法入企办案的,请立即110报警+录像取证"。

我们经常说:"专业的事儿交给专业人做。"搞创新、运营企业,并非政府所长。政府擅长的是顶层设计、统筹资源、做好服务,那就发挥自己所长,为企业做好服务,企业需要什么就提供什么。同时,还要摒弃以前靠饭局拉关系、以检查刷存在感的旧模式,从传统的管理者转型成为服务者。

作为最早落户未来科技城的企业之一,从事第三类医疗器械研发、生产、销售及维护的微泰医疗器械(杭州)有限公司的案例很能说明问题。董事长郑攀2011年从美国回到杭州创业之初,重点考察的是当时正处于建设高潮期的滨江高新区和下沙大学城,后来听说城西也在搞开发,便顺道前往转转。结果这一转,就被未来科技城招商部门的两名工作人员"缠上了"。对方不仅带着他一个村庄一片区域地跑,给他介绍规划及政策,还同步启动了工商登记等一条龙服务。这让郑攀感到"盛情难却"。

事实证明,他的选择没错。落户未来科技城的微泰医疗,发展一路顺风顺水。2020年，微泰医疗完成了新一轮5.75亿元的融资。2021年10月，微泰医疗成功登陆港交所上市。而在这过程中，未来科技城管委会的身影时而出现，时而隐没。后来，杭州市市长姚高员表示，要持续打响杭州"无事不扰、有求必应"的营商环境品牌。

"郑攀们"的个体感受应该比任何城市宣传广告、招商广告都管用。我们总说"金杯银杯不如老百姓的口碑"，杭州的做法，任何企业恐怕都会"禁不住诱惑"。本质上，这种"无事不扰、有求必应"，是一种长期主义的待客之道；"我负责阳光雨露，你负责茁壮成长"，这也是各地优化营商环境的关键。作为典型，杭州梦想小镇将这种"待客之道"体现得淋漓尽致，被网友称为"拎得清的小透明"。

梦想小镇的设立，最早可追溯到2014年。那一年的中国，是继1992年之后，又一波全民创业热潮的起点。国家层面正在大力提倡"大众创业、万众创新"，浙江省也在谋篇布局"特色小镇"、大力培育信息经济。与此同时，当年9月，阿里巴巴在美国纽约证券交易所挂牌上市。很多兑现了期权的阿里巴巴员工纷纷"下海"，就近在淘宝城周边择地创业。浙江省敏锐地觉察到，互联网创业即将进入"风口"，于是提出在阿里巴巴总部附近划出一块区域，用来集聚互联网创业人才和风投资本，打造一个具有众创空间和孵化器功能的"互联网创业小镇"，这便是后来的梦想小镇。

2015年3月28日，梦想小镇正式开园。一期包括互联网村、天使村和创业集市三个先导区块。其中，互联网村定位扶持"泛大学生"群体创办互联网经济相关产业，天使村用来培育发展互联网金融，集聚天使投资基金、股权投资机构等以覆盖企业所需的金融服务体系，创业集市则作为为创业者提供交流、展示和交易的平台。

2015年，时任浙江省省长李强赴梦想小镇调研时，与创业青年交流的一段即兴讲话被反复引用："梦想小镇是什么？当时之所以取这个名字，是希望这里成为天下有创业梦想的年轻人起步的摇篮，让梦想变成财富，让梦想成真。"*

这个梦想，很快就得到了实现。邓建波的青团社，便是梦想小镇成功孵化的第一批企业之一。2013年7月，大学还没毕业但已经有过两次创业经历的邓建波成立了青团社。这是一个"对学生免费服务"的兼职招聘平台，起初属于公益性质，没有任何商业模式，给员工发的工资用的也是邓建波过往的积蓄。当来自梦想小镇的湾西孵化器负责人找到他时，窝在一处农民房里办公的青团社已经有半年没发工资了。尽管如此，这群年

---

* 《适应新常态的关键是制度供给与创新驱动——专访全国人大代表、浙江省省长李强》，新华网，2015年3月4日。

轻人依然在热情昂扬地工作着，梦想小镇的湾西孵化器负责人于是决定拉他们一把。

2015年1月，拿到湾西孵化器100万元投资的邓建波带领团队四五个人入驻梦想小镇2号楼，事业由此逐步走上正轨。事后邓建波曾感慨："没有那100万元，我们公司就没了。"

和邓建波不同，不差钱的祝铭明更看重的是杭州提供的"陪伴式成长"的氛围。在一次活动中，这位灵伴科技的创始人曾透露，杭州新兴科技公司的创始人们时常聚餐。有一次，游戏科学冯骥、宇树科技王兴兴、深度求索梁文锋、强脑科技韩璧丞在他家吃饭时，聊到了"六小龙"为何会集中出现在杭州的话题。祝铭明感慨，在杭州，他们不只是自己在奋斗，身边的很多人，领导、同伴，都给了他们非常多机会，这也是灵伴科技成长过程中非常幸运的一件事。

事实上，这种同行交流、相互促进的创业氛围，最早就形成自灵伴科技所在的梦想小镇。在小镇，经常能看到这样的场景：某企业在空地上试验自己的最新产品，周边立马会有很多其他公司的人围拢。大家议论纷纷、出谋划策。也正是在这一次次的展示围观中，许多后来爆火的产品呱呱坠地。

邓建波入驻梦想小镇后也发现，这里汇聚了众多不同阶段的创业者，他们有着丰富的经验和独到的见解。于是，邓建波隔三差五就会和他们交流，从产品设计、技术研发到市场推广、团队建设等各个方面汲取经验。回顾这段经历，邓建波颇为感慨："在梦想小镇，每一次交流都是一次学习的机会，这些经验对我们来说太宝贵了。"

梦想小镇的故事只是杭州创业环境的一个缩影。而随着知名度的扩大，杭州甚至引起了国际上的关注。时任浙江省科技厅厅长周国辉记得，2015年去硅谷考察时，一位华裔女士向他推荐了一本《纽约时报》著名作家韦纳撰写的《天才地理学》。书中把杭州和雅典、佛罗伦萨、爱丁堡、加尔各答、维也纳、硅谷等城市一起列为全球创新和天才城市。"硅谷的核心是年轻人和包容的环境，这一点杭州完全不逊色。看看我们的人才净流入数据，大多也是年轻人，再加上云栖小镇、梦想小镇等这样'三生融合'的创新空间，和硅谷的理念不谋而合。"

当然，杭州政府"放下身段"搞服务，并不局限在对企业上，它已经成为当地各级政府的一种习惯，也影响到每个普通市民的日常。像我们经常听到的"最多跑一次"，以及后来的"一次也不用跑"服务，别的地方或许把它当作了工作的上限，而在杭州，这些却是各政府单位工作的底线。许多在杭州生活的人都有一个共同的感受：原来到政府办事也能如此方便。

关于这方面的案例不胜枚举。此前有新闻，一位父亲为了给女儿办理落户，来到杭州某派出所。由于缺少一份文件原件，他只提供了复印件。该派出所的工作人员表示可以接受复印件，他们会打电话到这位父亲长春老家那边的派出所进行核对，无须他特意回去取原件。然而，电话沟通似乎并不顺利，长春那边的派出所找出各种理由推托，不愿意配合核对。这让杭州派出所的工作人员非常生气，直接质问对方："你们就是这么为人民服务的？"挂断电话后，杭州某派出所的工作人员决定不再纠结于原件，而是直接用复印件为这位父亲办理了落户手续。

又比如，面对一些地方要求老百姓开"你妈是你妈""保证不扰民"等各种奇葩证明的事情，杭州公安也曾霸气公开回应：杭州警方不用这样，市民也不要怕被要求开奇葩证明，因为不需要！

除此以外，让杭州人、浙江人津津乐道的还有"浙里办"。说起来，类似"浙里办"这样的网上办事软件各地都有。不同之处在于，别的地方的"××办"要不"失灵"，要不就是用起来不方便，而这些问题在"浙里办"都很少发生。

2024年7月，"浙里办"上线十周年之际，浙江省政府网站曾回顾其发展历程，总结出"浙里办"带来的四个方面的巨大变化，以下简要介绍下：

第一，"四张清单一张网"，撬动政府职能转变。

2014年，浙江率先推出以"权力清单、责任清单、企业投资负面清单、财政专项资金管理清单"为核心的简政放权改革，并搭建全国首个省、市、县一体化在线政务服务平台——浙江政务服务网（"浙里办"前身）。同年，"浙里办"App上线，集成诊疗挂号、缴费等高频服务，并推出统一公共支付平台，支持交通罚款、学费缴纳等非税收入线上收缴。

第二，"最多跑一次"改革深化，打破信息孤岛。

2017年5月，《浙江省公共数据和电子政务管理办法》施行，这是国内首个省级公共数据和电子政务管理办法。办法明确电子证照与纸质证照具有同等法律效力，禁止重复采集数据，并建成公共数据平台，大大优化了办事流程。"最多跑一次"改革不仅让省内群众少跑腿，比如省内户口迁移从需跑4次缩减至1次，企业开办流程从8.6个工作日压缩至1个工作日；也惠及了省外群众。

第三，数字化改革，构建"一网通办"模式。

浙江全省3093个依申请政务服务事项实现"一事项一表单一流程"，线上线下无差别受理、同标准办理。此外，浙江还从市民和企业需求出发，将关联性强、办事需求大、办事频率高的多个单一事项整合成为"一件事"联办。原本涉及卫生健康、公安、医保、人力社保等多个部门的多个事项，如今动动手指、刷刷脸，就能实现多证联办，证件直接邮寄到家。

第四，增值化改革，规范、智能、有温度。

这些年，"浙里办"的界面格局发生了很大变化。新增城市频道直达入口，便于及时了解本地高频特色服务和政策资讯。

法人频道全新登场，集成热门服务、特色专题、惠企政策等，实现个人法人便捷切换。从高效办成一件事主题集成服务到覆盖成长成才、安家落户、求职创业、福利优待等六大场景的人才服务专区，再到千企千面的企业专属服务区……"浙里办"的政务服务还在不断增值升温。

在此基础上，2025年2月27日召开的浙江省"315"科技创新体系建设工程部署推进会进一步提出，今后凡来杭、来浙的初创型科技企业可登录"浙里办"，在"科技创新"应用中的"浙里科技贷"模块测算企业创新积分，同步对接最多三家金融机构预授信，重大项目可采用"浙科贷过桥+科创基金投资"组合方案。

这项改革的含金量有多高，恐怕办过企业的人才会懂。用杭州叙简科技负责人金国庆的话来说，一个"浙里办"就解决了在其他地方找人都办不好的金融信贷问题，足见浙江优企服务的力度和创新度。

总的来说，从"最多跑一次"到"浙里办"，杭州的政务服务水平这些年备受各方好评，成为许多地方学习的对象。但它只是杭州"成功"的一个方面。除此以外，杭州政府在招商上的诚意和专业度，同样让很多内行人赞不绝口。

以"六小龙"之一的强脑科技为例，和其他"几小龙"的创始人不是来自"高校系"就是浙江人，或多或少与杭州有点关联不同，从事非侵入式脑机接口技术研发与应用转化的强脑科技最初诞生在大洋彼岸的美国。

时间拨回到2015年，一直从事神经科学方面研究的韩璧丞和一些在美留学的中国学生，组成初创团队，孵化于哈佛大学创新实验室。2016年，杭州首次在正式文件中明确提出"打造创新创业新天堂"，并向全球发出邀请。2017年，浙江省又印发了《浙江省"机器人＋"行动计划》，成为全国首个提出"机器人＋"政策的省份。但此时的强脑科技，仍是家没什么名气的小公司，以至于大多数地方政府的招商团队压根就没有关注到这个万里之外、蜗居在地下室里的创业团队。唯独杭州余杭区将其当作"宝贝"。

2018年，未来科技城的招商考察团飞越1万多千米，来到波士顿，拜会强脑科技团队。其实当时与强脑科技接触的招商团队不止一个，但杭州是唯一一个"飞到"强脑科技的办公室当面发出邀请的城市。那场会面持续了三四个小时，韩璧丞至今记忆犹新，会谈中杭州考察团并没有大谈特谈能提供什么政策、给多少支持，"聊得最多的竟然都是脑机接口未来的发展"，这让韩璧丞感到很是惊讶。

因为当时国内对脑机接口了解甚少，除了一些专业科研人员，很少有人能接触到该行业。就连韩璧丞的母亲都一度以为他在美国"勤工俭学，给别人洗头"。所以当未来科技城的招商团队跟他聊起脑机接口技术在杭州的未来发展,韩璧丞确信对方是做足了功课前来的。也正是凭着这份诚意与专业度,杭州最终打动了韩璧丞和强脑科技团队。两个月后,韩璧丞出现在了杭州的重大人才项目大会上,并很快完成公司注册,正式落户余杭人工智能小镇。

类似强脑科技这样的成功招商案例在杭州还有很多。光是2024年,杭州就组织了32个团组赴欧、美、日、韩等发达国家和地区开展招商。市领导还先后带队赴欧洲和香港等地走访对接重点外资企业,并成功促成康盈半导体、拜耳、爱恺生物技术等项目签约落户。随着全球资本和项目的涌入,杭州的"外资引力"也持续提升。2024年,杭州实际利用外资规模仅次于上海、北京,首次跃居全国第三。

当然,罗马不是一天建成的。这种遍及全球的产业信息和人脉网络也不是一夕之间能够织就的。"美丽浙江"曾经报道过未来科技城招商团队全球出击"扫楼拜访""陌生拜访"的故事,其中最令人难忘的一幕,是有人曾在迪拜机场偶遇正吃着盒饭的杭州未来科技城工作人员,一问才知他们是来招商的。

而一旦招商成功、项目落地,政府的服务不仅没有停止,反而如海浪般一波接着一波。强脑科技回国后,不懂公司注册流程怎么办?地方政府就提供一对一服务,房租补贴、研发支持、知识产权保护、金融服务保障等也都一并安排。产品落地如何推向市场？余杭区残联直接采购、推销，联系电商机构推广……在政府"阳光雨露"的浇灌下，在美国创业多年始终没搞出啥名堂的强脑科技，落户杭州仅仅两年多就破茧成蝶。2020年，强脑科技智能仿生手实现量产，这是全球首款实现直觉神经控制的量产智能义肢。

"当我们遇到困难时，余杭区政府总能及时给我们提供帮助。"回顾这段创业经历，强脑科技合伙人何熙昱锦颇为感慨，从实验室验证到产业化推进，企业面临着研发周期长、技术难度高等诸多挑战，如果没有政府的大力支持，很难快速商业化落地。

从强脑科技的案例中也可看出，杭州的吸引力不仅仅体现在政府有远见、有诚意、专业度高，还在于他们有足够的耐心。而创新，恰恰需要的就是培育与等待。强脑科技从名不见经传到一飞冲天，就是杭州"耐心资本"长期陪跑的结果。在科技创新、科技成果转化上，杭州不喜欢"吃快餐"，相反它更愿意"包容十年不鸣，静待一鸣惊人"。

同时，为了给科技创新企业"耐得住寂寞"的底气与资本，杭州组建了科创基金聚焦"投早投小投科创"、创新基金聚焦"投强投大投产业"。截至目前，两大"千亿元"基金批复总规模已超1850亿元，撬动社会资本约1350亿元，累计投资金额725亿元，通过基金投资、科创金融等方式服务支持上市公司（含并购上市）120家。

2025年年初杭州"六小龙"爆火后，杭州国资进一步加码投资国内科技企业。1月，杭州明确了"三个15%"的科技投入政策：市财政科技投入年均增长要达到15%以上；市本级每年新增财力的15%以上要用于科技投入；统筹现有产业政策资金中的15%集中投向培育发展新质生产力。2月，杭州推出新一轮"8+4"经济政策，即《杭州市人民政府印发关于推动经济高质量发展的若干政策（2025年版）》，政策加量、力度加码、资金加持、兑付加快。

有了政府作为强大的后盾，杭州诞生更多"一鸣惊人"的企业也就在情理之中了。

杭州"六小龙"火了之后，很多城市都在分析、学习"杭州模式"，那不妨先从政府角色转变开始。扪心自问，作为一个城市的管理者，你们能做到杭州市政府这样回归服务初心，放低姿态吗？随着经济结构的转型，互联网和科技行业的创业者大多都会是"理工男""技术男"，"社恐"会是他们大部分人的标签，有多少政府已经做好了与这些不太懂"人情世故"的老板打交道的准备？你们能够在"2次见面、1次审计和1次15分钟的评审"之后就能让企业完成注册落地吗？这些做起来其实并不难，但转变起来很难，而且这不是一朝一夕就能完成的，所以有人评价杭州是"厚积薄发"。

无数事实也早已证明,当下城市的竞争,本质上是生态的竞争。当前全球新一轮科技革命和产业变革深入推进,给城市发展建设带来了更多的不确定性。如何在竞争中实现"弯道超车",对任何一座城市都是一场严峻的大考。就像很多地方都在思考"六小龙"为何没有出现在本地,本质上也是对如何应对这场"大考"的思考,隐含着"如何是自己"的更深指向,从某种程度上来说,是一件好事。

相信很多城市其实已经发现,在这场大考中,当很多城市还在努力"拼政策"的时候,杭州早已领先一步进入了"拼生态"阶段,这种"拼"还是那种凡事都要落在实处的"拼"。创新从来都不是企业"一个人的战斗",而是一场需要政府、企业、人才等共同参与的马拉松,每一环都需要明确自己的角色与定位,"做好分内的事"。真正的创新策源地,需要的是产业链的共生共长而非简单的聚集,需要的是政策的雪中送炭与润物无声,而非行进式运动,需要的是坚守长期主义、静待花开的耐心与耐力。如此,这些城市也许不会成为下一个杭州,但有可能再次涌现更多的"六小龙""六小虎"。

02
比西湖更迷人的人才引力场

杭州良好的政企关系，为杭州吸引来很多企业和人才。但也得看到，在杭州"最多跑一次"还没出圈以前，当"数字经济第一城"的桂冠还未加冕时，杭州就已经凭借其上千年的自然风光、人文底蕴成为很多人心中的"白月光"。马可·波罗就曾赞杭州为"世界上最美丽华贵之天城"。

不要小看自然风光与人文底蕴的吸引力，虽然我们不赞成地域歧视，但地域印象对外来人口的吸引力还是很大的。比如改革开放初期，一句"东南西北中，发财到广东"，曾吸引了多少内陆各省的年轻人前赴后继奔向广东打工圆梦。

那时候的珠三角，乘着改革开放的东风，既是中国对外的一扇窗口，是外部新事物、新商品、新机遇进入中国的第一站，也是"遍地是黄金"的圆梦之地。加之当地与内陆截然不同的气候、风景、人文等，广东一跃成为全中国最具人口吸引力的地区之一。尤其是在广州火车站外，随处可见背着大包小包、操着南腔北调的打工仔、外来妹。

同样地，一句"上有天堂，下有苏杭"，将杭州的山水风景总结得朗朗上口,在上千年的时间里成为杭州的城市金名片和最强宣传语。

当然,关于为何"苏"在前"杭"在后,是不是"杭"不如"苏",还是仅仅为了押韵,从古至今都有不少争论,甚至就连清代朝鲜使者李德懋也问过。根据李所著《入燕记》(下)记载:嘉庆二年(1797),李德懋与苏州秀才笔谈,询问苏杭优劣,答称:"江山胜概,杭胜于苏;闾阎繁丽,苏胜于杭。"也就是说,杭州湖光山色和庙宇之盛,最为突出,而市井繁华程度,苏州又略胜一筹。

随着时代变迁、产业迭代,后半句的情形如今已有变化,但前半句依然是事实。可以说,杭州是目前全国特大超大城市中自然风景相当好的,这一点也得到了古往今来历代文人墨客的认证加持。比如曾任余杭县令的北宋词人柳永,就曾在《望海潮》中描绘了一个集自然之美与都市繁华于一体的人间天堂。

而最早将"苏杭"并称的白居易,更是直接坦言:"江南忆,最忆是杭州;山寺月中寻桂子,郡亭枕上看潮头。何日更重游!"

当然,比起山中桂子、钱塘大潮,西湖才是杭州手里最大的"王炸"。无论是苏东坡的"水光潋滟晴方好,山色空蒙雨亦奇。欲把西湖比西子,淡妆浓抹总相宜",还是欧阳修的"清明上巳西湖好,满目繁华。争道谁家,绿柳朱轮走钿车。游人日暮相将去,醒醉喧哗。路转堤斜,直到城头总是花",都对西

湖之美赞叹不已,流连忘返。就连"雨巷诗人"戴望舒,也在《我用残损的手掌》里描写了他记忆中的西湖:

> 这一片湖该是我的家乡,
> (春天,堤上繁花如锦幛,
> 嫩柳枝折断有奇异的芬芳)
> 我触到荇藻和水的微凉。

写作此诗时,戴望舒逃亡于日军占据的香港,越是离乡背井,他对家乡的思念也就越深,这几句诗描写的就是他记忆中的杭州、记忆中的西湖。繁花如锦、嫩柳折枝,这样的美好支撑他度过艰难的日子。

西湖到底好在哪,能让古今之人都忘不了、忘不掉?它的面积没有太湖或武汉东湖大,但热度却比大部分湖泊都要高。除了它本身的自然山水之美外,还在于西湖拥有数不清的人文IP。比如岳飞、于谦、秋瑾、武松、苏小小等,都埋葬在西湖边上,他们因而成为西湖的"代言人"。只要提起他们,人们的第一反应都会是西湖。正如清代才子袁枚所言:"赖有岳于双少保,人间始觉重西湖。"

同时,以西湖为背景的传奇故事多如牛毛,著名的如白蛇传、梁祝、济公等,也为西湖增添了"传奇色彩"。听到《千年第一回》这首歌，谁不会想到西湖呢；走到断桥，谁不会想到白素贞与许仙的故事；到了万松书院，又有谁不会想到梁山伯与祝英台……这就是西湖深厚的文化底蕴所在。正如《西湖志》所载："湖山得人而显，人以湖山而传"，八百处摩崖石刻、三百座名人祠墓，让自然景观化作流动的文化史诗。此外，西湖千百年来都位于杭州城市中心，不像其他景区需要跋山涉水才能欣赏到。

凡此种种，使得杭州西湖在全国各地的西湖中脱颖而出。有道是"天下西湖三十六，就中最美是杭州"，如今人们提到西湖，都会默认讲的是杭州西湖，不像其他地方的西湖那样必须加上地名前缀。甚至杭州西湖文化景观还是中国第一个列入《世界遗产名录》的"文化景观"类世界遗产。

如果说西湖是老天和前人赐给杭州的"礼物"，那么如何利用这份礼物，则体现了当代杭州的城市智慧。和很多地方有点山水资源、名胜古迹就恨不得圈起来卖票赚钱不同，杭州不仅没有因为西湖名气大而"靠湖吃湖"，相反，早在20多年前，杭州就提出了"还湖于民"的口号。

2002年10月1日，杭州市民发现西湖公园景点的围墙、栏杆全都不见了。原来，前一天晚上，市政府派出了一支数百人的施工队，趁着夜色把这些围墙全拆了。一夜之间，公园没了围墙，失去了与城市分隔的边界，开始与城市融为一体，与市民直接"面对面"。除了拆墙，杭州当时还做了一件大手笔的事，宣布取消西湖所有公园的门票，西湖也因此成为全国AAAAA级景区中最早实行免费、打开大门迎天下客的景区。

事实证明，免费开放、"还湖于民"带来了不可估量的"西湖效应"。最直观的就是客流。公园免费前，晚上八九点钟西湖边就没什么人了；免费后，到晚上十一二点还有很多游客。至于"五一""十一"等节假日，那就更不用说了，西湖景区的人流量几乎都稳居全国景区前十，杭州更是年年成为热门旅游城市。

以过去两年的假期为例，2024年"五一"小长假，西湖景区共接待游客323.03万人次，与2023年同比增长14.23%。根据微信发布的《2024"五一"数据报告》，杭州西湖景区位居全国热门景区前三。到了当年"十一"长假，西湖景区的全国排名直接登顶。根据百度地图公布的热门旅游景区排行榜，杭州西湖风景区、武汉东湖生态旅游风景区、南京钟山风景区位列前三名。

而在2025年"五一"小长假，根据各平台数据并结合媒体报道，全国最受欢迎的景区排名中，杭州西湖再次高居全国榜首。

不仅如此，每逢旅游旺季，西湖边上人美心善的"兔子警官"都会登上热搜，杭州三级警监在路口指挥交通的新闻也经常刷屏，甚至杭州"礼让斑马线"也受到许多游客点赞。这些都体现出杭州这座城市的温度与格局，把每一位来杭州的人当成家人，让每一位来杭州的人都带着愉快的心情回去，而这才是一座城市最好的"广告"。

当然"广告"不会白打，它最终都体现在了杭州的文旅收益上。虽然免费开放使得门票收入归零——据统计，公园免费开放首年，西湖直接减少门票收入2530万元，但与此同时，杭州的餐饮、旅馆、零售、交通等行业却获得了新的发展空间，全域的旅游总收入有了明显增加。这里就不得不提一下西湖的"商业体质"。

前面曾说到，西湖是个城中湖，紧挨着杭州最繁华的湖滨商圈。来这里赏西湖美景、逛湖滨商场、品杭州美食、体验宋韵文化，已经成为很多外来游客以及杭州市民首选的休闲路线。自然的，这里也成为众多国际品牌的首选之地。

2015年1月，浙江省首家苹果直营旗舰店正式亮相西湖边的湖滨银泰。苹果之后，各大品牌首店的纷纷入驻、频频"出圈"，也让湖滨迅速成为杭州"网红打卡地"。据统计，湖滨步行街年均接待客流量超过5000万人次，营业额连续多年进入"百亿俱乐部"。也正因此，它于2020年6月被商务部确定为全国首批、浙江省唯一的"全国示范步行街"。

在西湖的带动下，杭州的旅游总收入从2002年刚免费开放时的区区294亿元,上增至2024年的3450.2亿元。其间,2019年甚至还曾一度达到过4005亿元。2024年,杭州全市接待游客2.4亿人次,同比增长7.5%;接待过夜游客1.41亿人次,同比增长16%,均位居全国城市前列。

这表明,杭州和它的管理者是懂得"舍得之间见智慧"的。正如浙江省文化和旅游智库专家、原杭州市旅委主任李虹指出,西湖的免费开放,使得更多人亲近中华传统文化和自然山水。这里面既包括游客,但更多惠及的还是本地市民。每天,都有大量市民在西湖边晨跑夜跑,放松心情。

徜徉在这么美的环境中,大概会让人忘记所有烦恼吧。而这,或许也是景区在市中心的意义。显然,西湖早已不再是单纯的景点,它已成为集自然、人文、商业于一体的景区式街区,是杭州人与自然、人与人建立联系的公共空间,并逐渐被视为城市宜居度的重要标尺,和杭州城市最佳的"吸人利器"。

有不少外省市的朋友都是因为一次偶然的旅游,被西湖山水的绝美风景所吸引,进而发现杭州的"各种好",最终决定在杭州工作、定居。他们来自五湖四海,也有不少来自南方城市。其中一位朋友早年曾在杭州工作,后来因为家庭回到北方,找了一位拥有北京户口和事业编制的女朋友,但因为对杭州一直心心念念、无法释怀,最终又回到了杭州。

这样的现实案例不在少数。事实上,不只是普通游客,不少高新人才甚至企业创始人也是被西湖吸引过来的。

比如位于杭州未来科技城，从事糖尿病监测、治疗器械研发以及相关疾病管理服务的微泰医疗，最开始，创业团队只有两个人，一个是公司董事长郑攀，另外一个是他在美国工作时的老板多雷·马克。而马克之所以愿意不远万里来到中国，加盟创业，就跟西湖有关。

据郑攀讲述："那时候，我给他看了杭州的风光照片，看到西湖的美景，看到我们创业初始就能获得资本支持，非常振奋，一个月内就辞职加盟了。"结果，被郑攀"忽悠"来的马克，举家落户杭州后才发现，哪有西湖的影子，屋外只有一望无际的稻田，气得大呼上当。

于是郑攀就安慰马克："你不要看现在这里啥都没有，但政府说了，未来科技城的定位是人才策源地、科技创新高地，所以将来一定会有前途。"郑攀这番劝服马克的理由，后来也成为他招聘、吸引人才时常说的话。而信了他的员工，大多也没有吃亏。很多人当年八九千元一平方米买的未来科技城的房子，如今都普遍涨到了三四万元一平方米。

当然，能帮杭州"吸人"的风景不只有西湖。作为一座拥有三个世界文化遗产的城市，中国大运河与良渚古城遗址同样是杭州的城市金名片。

前者是连通南北的水运大通道，千百年来，伴随南方财富源源不断地输向中原和北方，天南海北的人才也途经这条大动脉"孔雀东南飞"。可以说大运河见证了杭州的成长，也记录了杭州的发展。

2002年，杭州市政府启动大运河杭州段综合整治与保护开发工程，对运河水质、景观、桥梁、道路、古街、古建筑等进行全面提升改造。运河两岸大批工厂陆续关停搬迁，在原有基础上相继打造了桥西、大兜路、小河直街等三大历史街区。经过这一番"旧貌换新颜"，如今，拱宸桥、富义仓、凤山水城门遗址、中国刀剪剑博物馆、西兴过塘行码头等遗产点已成为游客的重要打卡点。

而在留石高架以北，一座崭新的大运河新城正在拔地而起。2025年5月对外开放的杭钢公园、正在建设中的京杭大运河博物院、由余杭区负责的生态艺术岛等新地标，刷新着杭州城北的城市界面。

运河对岸，则是另一座以"良渚"命名的新城。

1977年，中国考古学泰斗苏秉琦先生在良渚大观山果园考察时，望着眼前的稻田丘陵，忽生感慨，说脚下这片土地，就是古杭州。他这样推断的理由是，良渚地势高于杭州，它有天目山余脉作为天然屏障，也有苕溪作为重要对外联系通道。这里是典型的江南鱼米之乡，苏秉琦说："杭州应该是从这里起步的，后来才逐渐向钱塘江口靠近，到西湖边就扎住了。"

在此后的半个多世纪里，伴随良渚遗址考古发掘工作不断取得新的进展，良渚的知名度也越来越大。2019年7月6日，在阿塞拜疆举行的第43届联合国教科文组织世界遗产委员会会议决定，将良渚古城遗址列入《世界遗产名录》。从此，良渚名扬海内外。同时，它也被写入中学历史教科书，成为实证中华五千年文明史的圣地。

而在城市层面，早在20多年前良渚文化村的开发，便拉开了杭州人居的新篇章。经过多年发展，良渚已从杭州远郊的乡村蜕变崛起为一座文化新城，汇聚了香港大学建筑学院院长张永和设计的中国美院良渚校区、日本著名建筑师安藤忠雄设计的大屋顶、中国首位普利兹克奖得主王澍设计的国家版本馆杭州分馆、英国建筑师大卫·奇普菲尔德设计的良渚博物院，以及玉鸟集、大谷仓、玉湖等众多文化商业地标，吸引了无数年轻人和全国各地的数字游民前来定居。

根据2020年第七次全国人口普查的数据，良渚街道常住人口326157人，仅次于拥有下沙大学城的钱塘区白杨街道（335634人）。而五年后的今天，作为杭州"一主六辅三城"城市空间格局中唯一一个街道级辅城（其余临平、萧山等五大辅城均为区级城区），良渚的实际管理人口可能已超过60万人，是妥妥的"杭州第一街"。

在此基础上，2022年年底，余杭提出建设"良渚文化大走廊"的构想。这条大走廊呈东西走向,以"中华第一城"良渚古城遗址为中心,西望径山,东携运河,良渚博物院、国家版本馆杭州分馆、古镇、老街散落其间,宛如玉带,横贯东西,串联古今。未来这条大走廊将2000多年的运河文化、1000多年的径山文化、双千年古镇文化等重要资源串珠成链。

2023年12月3日,首届良渚论坛召开,此举进一步提升了良渚文化在中华文明史和世界文明之林中的重要地位。可以说,如今的杭州,除了西湖,良渚是又一大城市IP。此外,诸如河坊街、西溪湿地、钱塘江、湘湖、超山等也都是风景优美、人文荟萃的打卡胜地,再加上天目里等网红打卡点,它们共同增加了杭州的城市魅力和人口吸引力。

像2024年火出圈的游戏《黑神话:悟空》,其背后的主创团队当年之所以离开深圳搬到杭州,也部分是因为喜欢杭州的环境,觉得这里宜居宜业。游戏科学创始人、《黑神话:悟空》制作人冯骥在接受采访时就曾表示,喜欢杭州的氛围,节奏没有深圳那么快,房价也不太高,能够让人耐得住性子。此外,杭州的办公环境清幽,远离闹市区,正好适合他们这些"理工人""技术人"一门心思搞创作。

当然,杭州的节奏慢、房价低是相对北上广深而言的,毕竟杭州的目标是冲击"第五城"。来自相关房产交易平台的数据显示,游戏科学团队入驻杭州西湖区艺创小镇的2018年,杭州房价平均值在2.5万元一平方米，而当时深圳的房屋均价已经达到了4.6万元一平方米。

不仅如此，冯骥还记得，当初艺创小镇的工作人员带着他们在象山艺术公社看场地时，自己立马被办公楼前方有个花园，再过去是一条河流，视野开阔的环境吸引了。但因为当时公司尚处于研发前期，且资金有限，犹豫再三后，冯骥不好意思地提出一个请求："隔壁的两栋楼能不能先别租出去，等我项目扩大了再来拿。"让冯骥没有想到的是，园区居然真的让这两栋办公楼空了整整三年，其间多次婉拒名人工作室和有潜质的企业加盟。凡此种种，无不在说明《黑神话：悟空》这只"猴子"诞生在杭州实属水到渠成。

冯骥团队的经历只是杭州为了吸引人才所展现出的"十八般武艺"中的一星半点。有道是"致天下之治者在人才"，深谙这一道理的杭州多年来一直将"引才、爱才、惜才"作为城市发展的重要方向，出台实施了各种吸引人才的政策，也因此经常被当成"别人家的城市"作为榜样。

早在2017年，杭州就首次对应届高学历毕业生发放生活补贴，硕士研究生每人2万元，博士研究生每人3万元。2019年，生活补贴发放范围继续扩大，标准也提升至本科1万元、硕士3万元、博士5万元。2021年，杭州进一步把博士研究生的生活补贴标准由5万元调整为10万元。次年，浙江省宣布，除了杭州市区，全面放开专科以上学历毕业生的落户限制，杭州的落户条件也降低至本科以上学历。高校毕业生到浙江工作，可以享受2万元到40万元不等的生活补贴或购房租房补贴。2024年，杭州市人才管理服务中心发布《关于杭州市应届毕业生生活补贴最新版申请指南和系统升级的公告》，允许符合条件的非全日制研究生享受应届毕业生生活补贴政策，即3万元生活补贴。这意味着，大量非全日制研究生也可以享受杭州为吸引人才发放的补贴。

除了给毕业生发放现金补贴之外，作为全国首批青年发展型城市建设试点的杭州，这些年还陆续出台了"春雨计划""青荷计划""青年优居计划"等一系列定制政策，让年轻人"此身安处是吾乡"。

比如，外地人来杭州找工作可申请"青荷驿站"，享受不超过7天（6晚）/人/年的免费住宿。"青年优居计划"为新杭州人提供公租房、人才专项租赁住房、蓝领公寓，让青年租房更加安心便利；打通公积金付购房首付、还贷款、付房租等功能，支持灵活就业人员自愿缴存住房公积金。"青荷礼包"则包含面向大学生发放集成公园年卡、旅游年卡、文化消费卡等权益；在青年聚集地建设嵌入式体育场地、社区食堂、"青年夜校""家门口青少年宫"等场所，以及"在杭州遇见你"青年交友活动等一系列举措，帮助解决青年婚恋交友、亲子育儿难题……一个青年人才友好型城市的新范本正在形成。

更为难得的是,杭州对于人才的认定标准相当多元、宽泛。在这里,"拿手术刀的"和"拿修脚刀的"都有机会成为人才,而政府对各种人才也都一视同仁地给予应有的尊重和认可。

来自河南的赵展展是杭州的一名足浴工,虽然只有中专学历,但凭借一手"捏脚"绝活,先后荣获"全国十佳足部按摩师""全国技术能手"称号。这些荣誉让赵展展成为杭州市高层次C类人才,拿到了125万元的住房补贴,还直接申领了蓝色的浙A车牌,他说:"以前我总觉得高层次人才应该是指那些名校毕业生、院士、科学家,没想到我们服务行业的技能人才也可以。"

同样的,"95后"小伙李庆恒在杭州从事着普通的快递工作。但因为在"浙江省第三届快递职业技能竞赛暨第二届全国邮政行业职业技能竞赛浙江省初赛"中获得了快递员项目的第一名,李庆恒获评杭州市级D类人才。按照杭州市相关人才政策,评上D类高层次人才,不仅可以优先摇号选房,还可以领取100万元的购房补贴、3万元的车牌补贴,并享受"杭州人才码"五大类、27小类的百余项服务。李庆恒表示,获评杭州高层次人才,让他对杭州有了新的认识,觉得这座城市很亲切。

赵展展、李庆恒的故事生动诠释了杭州的人才观:人才生态的丰沃在于让每粒种子都能找到生长的缝隙。你只管在这座城市拼搏，剩下的交给杭州。在某社交平台上，有人曾借"潮梗"这样描述杭州：但凡我有，你皆可拿去。若我没有，我帮你去寻。也正是靠着这一招，杭州在过去这些年一轮又一轮的"抢人大战"中始终名列前茅，全市常住人口已连续10多年实现两位数增长。

2019年，杭州常住人口突破千万人大关，正式成为全国第16座千万人口之城。三年后，住建部发布的《2022年城市建设统计年鉴》又显示，杭州城区人口709万人，城区暂住人口293万人，城区总人口已突破千万人。这意味着杭州由此成为上海之后，长三角第二座超大城市。此外，在人才净流入率、海外人才净流入率、互联网人才净流入率等多项关键指标上，杭州也连续多年稳居全国第一，成为"外籍人才眼中最具吸引力的十大中国城市"之一。

当然这么多人也不全是冲着杭州的自然山水或补贴政策来的，有很多人是被杭州的软环境吸引来的。说起杭州的软环境，不能不提2025年5月很火的一则新闻，说的是杭州城站火车站完成便民设施升级，在地下一层出站口与地铁进站口交会处创新启用了双通道行李传送带，这让不少来杭州的人都点赞。别看这只是一条小小的传送带，体现的是杭州将服务意识深入到城市每一处"神经末梢"，哪怕只是帮你省了拎行李上下楼的劲儿。

其实，这种细致入微的服务更容易打动人，也更容易让人记住。相信这条"不起眼"的传送带会让每一位到过杭州的人记住这里的温暖，记住这座城市。而类似"温暖"的城市细节在杭州随处可见、不胜枚举。比如杭州萧山国际机场有17间免费淋浴房，提供24小时热水，还有免费洗漱包，这让谁看了不得说一句："真香啊！"

又比如2024年有人在社交媒体上发过一篇帖子称，在杭州地铁站询问工作人员是否提供应急卫生巾，结果不到3分钟，一张包装完好且贴有到期时间的卫生巾就送了过来。据悉，这项免费服务已经持续了好几年，除了卫生巾，杭州的地铁站内还给乘客准备了防暑药品、老花镜、针线盒等服务。发帖人由此感叹：杭州地铁进入"Next Level"（下一层级）了。

另外，在杭州你还会发现商场里的双马桶亲子卫生间、可以寄存行李的地铁站和景区、提供"送件进高铁站"……这一件件精细的"小事"，体现了这座城市的温度，也成为很多人奔赴杭州、爱上这里的原因。特别是对于很多生活在北方城市的人来说，这种"不见外""不排外"，把任何一位客人都当成自家人的关怀，实属难得。借用当下一句流行语：除了杭州，还有哪座超大城市会想方设法"逗我笑"呢？

所以，如果你要问杭州到底是有什么魅力，为什么会成为那么多人的理想之地、向往之城？那么，可以去看一下杭州于

2023年第19届亚运会开幕前夕推出的城市宣传片《什么是杭州》,该片以优雅的文字、细腻的笔触回答了上述问题:

> 5000年来,这座城市三次升级,从此,西湖是它的美丽,大运河是它的财富,滚滚海潮是它的风骨。大地和众生共同创造了这里的山川湖海,而这些山川湖海又让众生拥有了一个人间天堂。最终,一代代杭州人,用500里山水画了一幅杭州图,用5000年岁月造了一座杭州城。而这,才是真正的杭州。

一座既有俯仰天地的山水格局,亦有润物无声的温度,既容得下数字浪潮的奔涌激荡,也守得住烟雨江南的岁月静好的城市,谁会不爱呢?

03
刻在骨子里的创业"浙商基因"

如今人口增长、人口流入的意义某种程度上被过分拔高了,似乎有了人就有了一切,人口流入必然意味着经济增长、科技创新。但事实并非如此。无数案例都表明,人口大量流入和创新创业热潮之间并不必然画等号。

就拿当年在"抢人大战"中战绩显赫的西安来说吧,早在2017年3月,也就是武汉推出"百万大学生留汉创业就业计划",打响"抢人大战"第一枪的仅仅一个多月后,西安就出台了号称"史上最低门槛的户籍新政",率先在全国同等城市中推出"流程最简、门槛最低、条件最少"的落户政策。其具体内容可概括为"三放四降"。"三放"即放开普通大中专院校毕业生的落户限制、放宽设立单位集体户口条件、放宽对"用人单位"的概念界定,"四降"即降低技能人才落户条件、降低投资纳税落户条件、降低买房落户条件、降低长期在西安市区就业并具有合法固定住所人员的社保缴费年限。

2017年6月中旬,西安又进一步放宽了部分户籍准入条件,将本科以上学历落户年龄放宽至45岁,硕士研究生及以上学历人员不设年龄限制。2018年2月,西安户籍新政2.0版升级:个人落户一站式全办结,通过学历、人才、投资纳税落户的,即便是落在集体户上,也可同步完成举家迁入。3月,西安网络"掌上户籍"绿色通道正式运行,即凭学历落西安社区集体户,只需通过"掌上户籍室"App提交资料即可。

可以说,当时的西安为了"抢人"使出了浑身解数,甚至还有派出所民警开着巡逻车用大喇叭沿街喊人落户的新闻。而面对有意向落户的居民,西安的效率更是高得惊人。当地媒体曾报道过一位孙女士的真实案例,她博士毕业后在西安经开区工作,2018年2月11日,孙女士前往西安市公安局经开分局户政大厅了解具体的落户政策。几分钟后,经开分局一位负责人就打来电话,说是通过网上发送材料快速审核的办法,对她的学历、身份证信息等落户材料进行了审核,并办理了准迁证。两天后,赶在孙女士回山东老家过年之前,民警就将准迁证送到了她的手中。春节假期后刚回到西安,孙女士便电话预约当天办理落户,仅用了不到10分钟就办好了落户手续。

这一系列组合拳,让西安在"抢人大战"中收获满满。西安市统计局公开数据显示,户籍新政实施以来,截至2018年12月31日,西安全市新增落户人口超过105万人,户籍人口达到986.87万人。其中,2018年,全年迁入的新西安人近80万,户籍人口和流动人口的平均年龄为37.39岁,比户籍新政实施前年轻了1岁多。而2016年,西安的户籍人口数量仅824.93万人,整个陕西省也只有3812.62万人的常住人口。短短两年时间,新落户西安人口数量相当于再造了一个中等城市。难怪有媒体将这场变革称为"全国同等城市中绝无仅有"。

但人是来了,结果不仅没有激起西安的创业创新浪潮,反而因为配套的政策设施、公共服务没能跟上,还出现了要求当年新落户人口子女中考回原籍地的情况。

2018年3月,西安发布《西安市2018年新落户人口适龄子女就学实施办法》，文件中提到"3月23日后落户西安人口，须在原户籍所在地参加中考录取；2017年11月21日以后的新落户人口，须回原户籍所在地参加2018年高考"。

这样一个新规在当时引起很大关注，很多"被抢来的人"大呼上当：来了西安，自己的孩子却要被"差别对待"，这不合适吧？第二年西安人口流入数量就大幅回落，低门槛的落户政策效果并没能持续多久。

带来的直接后果是，人口增长大幅回落。更重要的是，因为本地缺乏高薪就业岗位和良好的创业环境，很多之前被"抢来"的人或本就在当地工作的人，后来也纷纷选择离开。一位在西安待了十年的新居民就曾表示，2008年毕业时，一个月底薪就有1500元左右。而到了2018年，十年过去了，发现西安的平均底薪仍然只有2000元。"如果是这样，即使落户了，那些毕业生也有可能最后离开。"

对此，时任西北大学经济管理学院院长的任保平在接受媒体采访时表示，西安应对各地"抢人大战"需做两手准备。首先，要大力发展产业。产业发展起来，有了足够的企业，具备大量的就业机会，人才就能留下来。扩大城市规模，相当于长"骨头"；发展产业，增加企业，相当于长"肉"；然后让人才要素、文化要素发生作用，才能长"脑子"。如果没有新产业，就业机会就少，陕西高校培养的这么多人才就不能为本地作贡献，外来人才也不能发挥作用。其次，要借鉴其他城市，出台能留住大量人才的有效措施。好多人不留在西安的原因是收入水平低，在这种情况下，如果房价和物价再上涨，人才的生活水平受影响，他们自然就不愿留在这里。"所以要在住房、教育等多方面向人才多做倾斜，扩大覆盖面，如此才能在人才竞争中领先。"

事实上，自2017年年初"抢人大战"兴起以来，每年人口增量排第一的城市名单都会发生变化。比如，2020年是一线城市深圳，增长14万人；2021年变成了湖北的武汉，增长120.12万人（当然这中间有疫情解封后人口回流的因素）；2022年则是湖南长沙，增长18.13万人；2023年换成了长三角的合肥，增长21.9万人；2024年是西南城市贵阳，增长19.96万人……其中，杭州除了2019年以55.4万人的人口增量登顶第一外，并非年年第一，很多年份甚至都排不进前三，但为何杭州的创新创业会那么旺盛，始终领跑全国呢？原因也许主要集中在两个方面。

一方面是浙商的传统。这一传统最早可追溯到先秦时期。被后世尊称为"商圣"的越国著名政治家、谋士和实业家范蠡，在辅佐越王勾践成就一代霸主后，深知"狡兔死、走狗烹"之理，决定功成身退，转而经商，将治国之策变成经商之术。于是泛舟浮海，远离越国，辗转来到齐国，更名为"鸱夷子皮"，勠力垦荒耕作，兼业经商，不出数年，积累巨万家产。范蠡的经商故事和道德风范，后来成为许多成语典故的来源，如"十一之利""陶朱遗风"等，流传至今，激励着一代又一代浙江人"忠以为国，智以保身，商以致富，成名天下"。

从范蠡开始，历史上各个时期，无论在经济活力、商业思想方面，还是在豪商巨贾方面，浙江皆名列全国前茅。元末明初传奇巨商沈万三，晚清首富"红顶商人"胡雪岩，浙商祖辈的三支劲旅——南浔商帮、龙游商帮和宁波帮……构成了一部波澜壮阔的"浙商传奇"。改革开放后，浙商精神更是在新时期被彻底激发。从"宁可睡地板，也要做老板"的民间谚语，到"四千"精神的官方总结，可以说，经过历史的沉淀，创业经商已经成为刻在浙江人骨子里的文化基因。

而杭州作为浙江的省会，汇聚了全省的优秀浙商。从鲁冠球、宗庆后到马云、钟睒睒、李书福，他们的成功事迹给年轻人树立了榜样，也在一定程度上帮助后来者链接着资源。

比如钟睒睒，他曾是宗庆后所创办的娃哈哈公司的代理商，两人的交集最早可追溯到1991年。当时，在杭州市委、市政府的支持下，宗庆后兼并了国有老厂杭州罐头厂，兼并百天后，杭州罐头厂就实现扭亏为盈，娃哈哈也走上了快车道。经人介绍，钟睒睒结识了宗庆后，并成为娃哈哈在海南和广西的总代理。虽然之后因为"串货"问题，钟睒睒失去了代理权，但这段代理商经历却让他从中看到了饮料行业蕴含的巨大利润空间，并最终在1993年创立了自己的养生堂公司。

又比如马云创办的阿里巴巴也走出了大批创业者，形成了浙江"创业新四军"之一的"阿里系"。《浙商》杂志曾这样形容"阿里系"："在阿里巴巴之前，中国没有任何一家公司，能够在众多业务领域布局，促生出一个百花齐放的电子商务生态系统：网上支付、B2B、B2C、互联网金融、云计算和大数据。以上每一个近十年来生出无数创业激浪的词语，阿里巴巴都是其最初的启蒙者、忠实的倡导者和踏实的实践者。"这也是为什么，阿里巴巴被许多人视为中国互联网领域的"黄埔军校"，它为这20多年来中国的互联网发展源源不断地输送着人才、资源和创新动能。

就拿程维来说，他在创办滴滴打车之前，曾在阿里巴巴旗下B2B公司和支付宝工作过八年。程维曾回忆，那是2005年，22岁的他到阿里巴巴上海前台"毛遂自荐"："有个人出现了，但他并没有将我赶走，而是说'我们需要像你这样的年轻人'。"然后，程维就成了阿里巴巴的一名销售。到2011年程维决定创业前，他已经是阿里巴巴B2B部门最年轻的区域经理，并在同年升任支付宝B2C事业部副总经理。

多年以后，回首这段往事，程维不无感慨地说："投身互联网行业，是我做的一次重要选择，也是最重要的一次决定。"但在2011年那个节点，从决定创业到正式辞职，程维足足犹豫了

9个月。其间他不停地想：创业，做什么？和同样从阿里出来创业的王刚进行一番头脑碰撞后，程维决定做滴滴。那年他29岁。之后的故事大家都知道了。程维变成了滴滴出行的创始人，34岁以165亿元身家排名胡润"80后"富豪榜第五，公司市值3300亿元。

同样出身"阿里系"的创业名人还有小鹏汽车创始人何小鹏，他之前曾担任过阿里移动事业群总裁和阿里游戏董事长等高级职位；大众点评首席运营官吕广渝，他曾是阿里中供铁军的核心成员和副总裁；浙江博卡思教育软件有限公司总经理孙彤宇，原淘宝创始人，离职后成为拼多多早期投资人和战略顾问……不得不承认，阿里巴巴确实是一个人才孵化器。也正是靠着一家又一家阿里巴巴这样的浙商企业，才造就了浙江深厚的创业创新土壤。

另一方面，也是因为杭州既不像上海、北京那样，拥有中石化、中石油、宝武钢铁、中国商飞等大量国央企总部；也不像广州，作为改革开放的前哨阵地，而被宝洁、百事、安利等各类外企选中成为其中国总部所在地；更不具备深圳那样的良港资源和毗邻香港的地理优势，可以承接大量北上港资企业。杭州经济唯一可以依靠的，就只有民营企业。特别是经过20世纪末21世纪初那一轮大规模的国企改制潮，杭州原先的大批国有企业、国有工厂或倒闭，或外迁，民营经济在杭州国民经济中的比重持续上升，如今已经超过六成。

《2024年浙江省民营企业发展简报》显示，截至2024年年底，全省民营企业在册总量达350.53万户，占企业主体总量的92.06%，同比增长5.41%，每千人拥有56家民营企业。杭州以92.07万户民营企业在册总量稳居榜首，占全省总量的26.27%。

同时，在全国工商联发布的"2024中国民营企业500强"榜单中，杭州共有阿里巴巴、荣盛控股、吉利、恒逸、蚂蚁、新华三等36家企业上榜，上榜民营企业数量再次名列全国城市第一，数量占全国的7.2%、浙江全省（106家）的33.96%。事实上，从2003年开始，杭州民企500强数量已连续22年蝉联全国城市第一。另外，杭州有30家企业进入"2024中国民营企业制造业500强"行列，占全国的6%、浙江全省（109家）的27.52%；有13家企业进入"2024中国民营企业服务业100强"行列，占全国的13%、浙江全省（19家）的68.42%。

从上述这一系列数据可以看出，民营企业已经成为建设杭州、发展杭州的中流砥柱。如今外界报得上名字的杭州企业，几乎都是民企。而每一家民营企业背后，都有一群敢闯敢拼的创业人，正是他们托举起了杭州产业经济和科技创新的未来。

此外，也是因为没有央企及外资总部，杭州相对缺乏高薪工作岗位。除了互联网大厂或者网红直播等少数几个就业领域，普通人很难像在北上广深那样找到月薪几万元、相对体面的白领或金领工作。加之浙江本地人普遍比较恋家，不怎么愿意背井离乡去外地就业、生活，最后很多人涌向了杭州，从而进一步加剧了杭州高薪工作岗位的竞争难度。结果就是，在杭州，要想发财、赚取高薪，就只能自己创业当老板，这也倒逼着杭州的创业氛围变得越来越浓厚。

就以大学生创业来说，杭州"六小龙"爆火以后，"浙大系"的名声如今已经响到了国际上。其知名校友企业家的名单可以拉出长长的一串：除了深度求索创始人梁文锋（本硕毕业于浙大信息与电子工程学院），群核科技创始人黄晓煌、陈航（均毕业于浙大竺可桢学院），云深处科技创始人朱秋国（浙大控制科学与工程学院副教授）这四位外，还包括拼多多的黄峥，小霸王、步步高品牌的创始人段永平，巨人网络的史玉柱，同花顺的易峥，顾家家居的顾江生等。

2023年10月的《浙商》杂志曾经作过盘点《北大、清华、浙大、交大……A股上市公司董事长大集结！万亿军团来自哪个学校？》，当时的统计数据显示，在披露董事长学历的1511家A股上市公司中，分别有105家、62家、61家上市公司的董事长毕业于清华大学、浙江大学、北京大学，这三所高校锁定了A股上市公司校友榜前三名。浙大"校友圈"的实力和影响力由此可见一斑。

而根据浙大发布的"2024浙江大学校友上市公司榜单"进

行保守统计，截至2024年5月17日，浙大校友企业家担任上市公司创始人、实控人、董事长、总经理等的有351人，管理或控制313家上市公司。以当天收盘价计，总市值约5.4万亿元。2017年，浙大校友为上市公司董事长、总经理、创始人、实控人等的数量就已经达到了124人，管理、控制108家上市公司，到2024年人数增长1.8倍，上市公司数量增加1.9倍，包括众多科创板和专精特新企业。

可以说，如今的浙大，创业已经成为校园文化的重要组成部分。从教授到学生，从已经毕业的到还在读的硕士博士生，不是已经在创业，就是正在琢磨创业。但需要指出的是，浙江大学并不是在浙江创业圈出名最早的大学。早在20世纪八九十年代，那时候还没有并入浙大的杭州大学，尤其是1977级历史系，就已威震地产圈。

鼎盛时期，杭大1977级历史系，两个班，70个人中，有15个人成为浙派地产公司的大佬。他们中最知名的，莫过于绿城集团创始人宋卫平。其实在成立绿城集团之前，宋卫平就和大学同学路虹一起成立过钱塘房产。但是，这段兄弟情并没有持续太久，宋卫平随后单飞。而路虹至今依然是浙江房地产的大佬之一。

成立绿城后，宋卫平又得到了另一位同班同学寿柏年的鼎力相助，寿柏年一直被业界公认为宋卫平的"黄金搭档"，甚至有媒体称寿是"宋卫平背后的男人"。宋卫平曾公开称,"他们知道我是一个管项目和管产品的人,但我肯定不管钱",因为在绿城,资本、金融都是寿柏年负责。寿柏年也曾表示:"如果我对自己有一个高度的评价,那么就是,我是宋总的主要助手。"

除了寿柏年,宋卫平的另一位左膀右臂是其杭大学弟、目前担任蓝城集团执行总裁、蓝城有道平台总经理的张法荣。张法荣比宋卫平、寿柏年、路虹等人晚两届,1980年考入杭州大学经济系。下海前在杭州大学经济学院任教11年,曾担任杭州大学经济学院经济管理系主任,其间一手创立了杭州第一个高校房地产研究所和浙江省第一个房地产经营管理本科专业,杭州很多开发公司的项目老总都是他的得意门生。1998年张法荣告别校园投身房地产事业,见证了中国房地产发展30年,被业内尊称为"老法师"。

此外,从杭大1977级历史系走出来的地产大佬还有南都房产的创始人周庆治,以及被称为周庆治"前面的男人"的南都房产原总裁、郡原地产董事长许广跃。虽然南都房产在2005年3月、2006年8月和2007年3月,分三次逐渐被万科收购,退出了房地产江湖,但其在杭州留下了诸如白马公寓、南都德加、南都银座等一系列经典楼盘。其中最知名的莫过于良渚文化村。

可以说,杭州大学撑起了浙江房地产的半壁江山,堪称教育史和商业史上的奇观。

除了浙大、杭大这些名校，浙江其他一些省属院校里面的创业创新氛围也相当浓郁。和其他地方的校友会主要功能是联络感情、联谊交友不同，浙江很多大学的校友会简直就像是一个工商联资源对接会。校友们见面聊得最多的就是，最近在做什么生意？有没有合作的机会？什么时候去你公司拜访一下？

正是在这种浓厚的创业氛围里，浙江的这些普通高校里也走出了大批商业巨子，比较出名的包括：阿里巴巴创始人马云，毕业于杭州师范大学；宇树科技创始人王兴兴，本科就读于浙江理工大学；古茗创始人王云安，也是毕业于浙江理工大学；阿里巴巴"十八罗汉"之一的彭蕾，毕业于浙江工商大学；思看科技董事长王江峰，毕业于杭州电子科技大学……

所以有必要强调一点，提到杭州的大学生创业，并不是只有浙大校友在孤军奋战，而是已形成了一个各校参与的完整生态。当然，这中间政府也适时发挥了"有形之手"的作用。

早在2008年，杭州就出台了《杭州市高校毕业生创业三年行动计划》，至今已经滚动出台六轮，从创业资助、平台建设、引导基金等方面都给予高校毕业生相应的支持。

同年，杭州还举办了第一届全球大学生创业赛，成为全国第一个举行如此高规格大赛的城市。"中国杭州大学生创业大赛"也应运而生且成了"传统"，此后每两年举办一届。经过十多年不断探索和创新，大赛已实现全国重点高校全覆盖，赛事规模、项目数量、项目质量等逐年提升,为杭州聚集、吸引来大批优秀的人才落户创业。曾经的大学生创业者、现在的大学生创业投资人花姐在接受媒体时就表示:"我很庆幸选择在杭州创业,现在我有了自己的基金和孵化器,希望帮助更多拥有仰望天空并脚踏实地的在杭创业大学生实现梦想。"

当然创业有风险,为了降低大学生创业的失败风险,浙江省掏出真金白银为创业者兜底。2022年,浙江省人社局宣布,大学生如果想创业,可贷款10万—50万元,如果创业失败,贷款10万元以下的由政府代偿,贷款10万元以上的部分,由政府代偿80%。大学生在家政、养老和现代农业领域创业,政府给予10万元的创业补贴,大学生到这些领域工作,政府给予每人每年1万元的就业补贴,连续补贴三年。大学生到浙江实习的,各地提供生活补贴。对家庭困难的毕业生,发放每人3000元的求职创业补贴。

在此基础上,杭州市进一步加码。比如对到杭州工作的全球本科及以上学历应届毕业生(含毕业五年内的回国留学人员、外国人才)发放生活补贴,其中本科1万元、硕士3万元、博士10万元。毕业生到了杭州,如果租房,每人每年发放1万元;如果不是应届毕业生,可以去申请人才租赁住房,也有补贴。毕业五年内的普通高校毕业生或在杭高校在校生,在杭州范围内新创办企业,经评审通过后可给予5万—20万元资助;优秀项目可采取综合评审的办法，给予最高50万元的资助。面向在校及毕业五年内或35周岁以下大学生举办"中国杭州大学生创业大赛"，入围大赛400强项目并在杭落地转化的，可免予评审，直接申请5万—100万元资助。

除了在资金、政策上照顾创业人群，杭州还手把手辅导年轻人如何创业。为此，杭州专门成立了杭州大学生创业学院，这是杭州市人力资源和社会保障局创办的国内首家公益性大学生创新创业教育服务平台。每年分层次举办雏鹰班、强鹰班、精英班和专题班，提高大学生创业者综合素质，助推大学生创业企业健康快速成长。

其中，雏鹰班主要面向成立一年左右的大创企业主要负责人；强鹰班和专题班主要面向成立两三年，具有一定规模的大创企业主要负责人或已参加过雏鹰班培训的大创企业主要负责人；精英班主要面向成立三年以上，较成熟的优秀大创企业或已参加过强鹰班培训的大创企业主要负责人。

自2012年成立以来，创业学院已累计培训大创企业负责人逾2500人次，以实战的课程、前瞻的理念、完善的创业服务打造出了一块杭城创业教育的金招牌，被誉为"杭州大学生创业的黄埔军校"。

哈佛大学教授、著名城市经济学家爱德华在其所著的《城市的胜利》里曾这样写道："城市胜利的秘诀，归因于年轻人和那些不安分的人，他们才是城市不断焕发生机的最大动力。"杭州这些实打实的、诚意满满的政策措施，传达的就是这样一个信号：只要你想在杭州"折腾"，政府就会尽己所能呵护你的"不安分"，努力前行的路上，政府一直都会是那个最可靠的"战友"。而杭州也因此成为很多大学生、青年人心生向往、成就梦想的理想之城。

根据《中国城市人才吸引力排名：2024》报告，在"95后"人才吸引力城市榜中，杭州名列前茅。"2024最具幸福感城市论坛"上发布的"2024最具幸福感城市（区）"调查推选结果也显示，杭州上榜"2024最具幸福感城市（省会及计划单列市）"名单，这是杭州连续18年入选这一榜单。2024幸福城市论坛新闻发言人戴闻名说："在今年的大数据采集当中，我们有九个一级评选指标。在其中的三项指标中，杭州可以说全国领先——居民收入、生活品质、城市吸引力，这是三个非常重要的指标。"

统计数据显示，2024年杭州累计新引进35周岁以下大学生就突破40万人，新增大学生创业企业超万家，人才净流入率持续领跑全国同类城市。光是一个余杭区，人才总量就突破了45万人，平均每三个常住人口中便有一个是人才。而杭州也因此连续五年获评"中国年度最佳促进就业城市"。

这些因素叠加在一起，成就了杭州几乎全民创业的城市氛围。当然，有经商创业传统的地方不只有杭州和浙江，杭州和浙江比较特殊的一点是，民间在推崇创业赚钱的同时还保持着浓厚的读书氛围。之前网上曾流传过"沪浙苏没有夜生活"的梗，其实沪浙苏人的夜生活都用来自己学习或辅导子女学习了。作为对比，梁文锋曾吐槽过："20世纪90年代，广东赚钱机会很多，当时有不少家长到我家来，（说的）基本就是家长觉得读书没用。"

江南地区崇尚"诗礼传家""耕读传家"的传统，浙江历代名人辈出，是有名的状元之乡、院士之乡。据统计，杭州历代总共诞生过3103名进士，排名全国第三。到了今天，浙江学子依然在各种场合耀眼夺目。比如五大学科竞赛，浙江学生连续十年金牌数全国第一；又比如清华过去这些年的优秀毕业生中，浙江学生数量领跑各省；再比如北京大学"图灵班"自2016年招生以来，全部生源中来自浙江的人数排名全国第一，前五大生源高中里有四所为浙江的高中，其中杭州第二中学、杭州学军中学榜上有名。

正因如此，浙江是各大名校最青睐的优质生源地之一。每年清华、北大强基计划提前录取的人数，浙江的人数都名列各省前茅。比如2025年清华、北大强基计划招生中，浙江以136人高居第二，仅次于北京的177人，是隔壁江苏招生人数的几乎2倍（74人）。

在产业竞争日趋高新化、创业赛道逐渐集中到科技领域的今天，未来的创新企业和创业人才将更多地从这些知识精英中产生。事实上，回顾杭州这几十年的产业经济发展史，从娃哈哈这样的校办厂、万向这样的社办企业开始，杭州的民营企业和民营经济之所以能够一次次地实现产业迭代，升级创新赛道，一步步地升级创业的科技含金量，最终"量变"引发"质变"，形成以"六小龙"为代表的高新科技产业集群，其背后是一代代创业者自身科技文化水平的逐渐提高。

当宇树科技的机器人亮相春晚舞台，当海康威视专利超过万项，当中控技术攻克工业控制系统"卡脖子"难题……杭州"终究是藏不住了"。这背后是政府研发投入年年创新高的执着，也是一代又一代杭州人"白天当老板，晚上看教材"的传承。创新创业的"浙商基因"，加上勤学好学、崇尚知识的风气，再加上政府各种政策举措的助推，可以说是"天时地利人和"，创新创业怎么会不成功呢？

正如中国幸福城市杭州研究中心主任、浙大城市学院幸福城市研究院院长吴红列教授所说："杭州一方面历史文化深厚，同时经济还走在前面，我们就要研究一下杭州的人文经济，其背后隐藏的深意是什么？有句话叫作不紧不慢地走出风风火火的步伐，杭州就有这样的气质。"

04
一位本土投资人眼中的杭州创投生态

2014年，阿里巴巴在纽约证券交易所上市，杭州登上《纽约时报》头版。在报道杭州创业生态时，《纽约时报》称每日互动联合创始人、华旦天使投资创始人花姐为"母鸡妈妈"——当时，花姐投了一批以"高校系"为主体的"90后"首席执行官，她就像"母鸡妈妈"，呵护着年轻首席执行官的成长。

十年后的今天，杭州再次出圈。DeepSeek爆火，以杭州"六小龙"为代表的"神秘东方力量"话题热度空前，花姐笑言："南宋之后，杭州热度最高的时刻可能就是当下。"

一座城市的话题度、影响力能在十年的时间跨度上不止一次穿越国门，让大洋彼岸把它作为一个城市乃至一个国家科技发展的样本来审视，其中发展之道必然可圈可点。

我们发现，除了优质的营商环境、坚持有所为有所不为的政府、注重创业教育的高校之外，资本在其中发挥了举足轻重的作用。

而相比于北京早些年汇聚了大量美元基金、合肥政府成为"最强风投"、深圳集结了国资巨头，杭州则是为市场化的民间资本大放光彩提供了空间。

杭州本土创投的发展可以追溯到1993年,当年,浙江省科技风险投资有限公司在杭州成立,彼时中国创投行业尚在萌芽阶段。浙江省科技风险投资是由浙江省科技厅成立的国资投资企业,以自有资金对成果转化项目进行股权投资。

而到了20世纪和21世纪之交,杭州相关部门逐渐意识到,国有资本在风险投资上存在局限,开始鼓励民营资本进入风险投资领域。逐渐地,杭州形成了以本土民营投资机构为主导的创投生态。

天堂硅谷、华睿投资、银杏谷资本、普华资本、天使湾创投、海邦投资、华旦天使投资、盈动资本……如今,杭州本土民营投资机构的名单可以排下一长串。这些机构在杭州企业早期发展中扮演了重要角色,也是我们理解"为何是杭州"的重要密钥。

除了政策引导,这也要归功于浙江省民营经济的发达。2024年,杭州民营经济增加值占杭州GDP的比重超60%,入选中国民营企业500强数量已22次蝉联国内城市第一。不少本土民营风投机构的创始人,正是通过创业实现了财务自由,这也使得他们更加具备产业理解力、技术判断力与市场敏锐度,更愿意与初创企业共情。

华旦天使投资成立于2014年,而创始人花姐的创业历程则始于2005年。当年，浙大校园里，一支只有五人的学生创业团队决定做一个手机通讯录备份器。后来，这款名为"备备"的产品卖给了百度，创始团队由此获得第一桶金。

此外，花姐也在浙大校园里结识了人生伴侣方毅。两人从创立"备备"起，经历了连续创业、公司转型，至2019年每日互动成功上市。值得关注的是，随着财富与经验的积累，花姐将更多精力转向投资。"立足杭州""投早""投小""投年轻人"，正是华旦天使的标签。

民营资本与创新企业，就这样在杭州这片热土上交织发展。如今，相比财务投资人的身份，花姐更愿意称自己是一名生态的建设者。她说，耕耘好自己的一亩三分地，待时机成熟，好的项目自然就会开花结果。

以下内容来自2025年5月我们对花姐的访谈。

为何是杭州

三土：华旦天使是一家立足杭州的本土投资机构，所投的大多数项目总部都在杭州。有一种观点认为，投资无地域，投资人四海为家，华旦天使为何选择深耕杭州本土？

花姐：确实是这样，华旦天使投资的项目90%总部在杭州。

有一回我去参加一个会议，当时有一名来参会的女性天使投资人，她来自硅谷。别人问她投项目的标准，她说，投那些从家开车到他们项目办公室,半小时能够到达的地方。这真是一种理想人生。在硅谷,创业公司密度、人才密度,绝对可以满足她的投资标准。

一家创业公司在发展的早期阶段,还是需要很多来自外部的帮助,就好比一个人的成长,在上幼儿园和小学阶段,还是要学习如何适应正常的社交生活,养成良好的学习习惯。

就像那位硅谷投资人,同等条件下,我更希望投杭州本土企业,这也符合经济学上的"比较优势"原理。如果是在杭州之外的项目,我们的投资标准会更高。比如,我对创始人非常了解,建立了很好的日常沟通机制,只是碰巧他的项目不在杭州;天使轮通常是好几家机构联合起来投,或者在当地有我比较认可的机构,能够帮助到企业。

三土:作为一名深耕杭州本土十多年的投资人,根据你的观察,最近几年杭州的创投生态发生了哪些变化?

花姐:创业主体越来越多元化。2015年,时任浙江省科技厅厅长的周国辉首次提出浙江和杭州形成了"创业新四军"——"高校系""阿里系""海归系"和"浙商系"。其实每一派都代表了一类创业群体,比如"高校系"代表的是高校创业,宇树科技王兴兴、古茗王云安是浙江理工大学毕业的;"浙商系"代表的是浙江民营企业的"创二代"。最近几年,这四股力量越来越多地交会在一起,有的创业者有双重甚至三重身份。

创业者的受教育程度越来越高。2014—2015年，我们投过很多在校大学本科生的创业项目，最近几年，在政策导向和市场选择下，硬科技创业崛起。相比互联网创业项目，硬科技创业首先要有科研方面的创新，所以会出现很多产学研相结合的项目，相应地对人才学历层次的要求也会更高。

从资本角度看，除了民间资本，2014—2015年，很多原来只在北京、上海设立办公室的美元基金，也纷纷来杭州设立办公室，挖掘本土项目。最近几年，美元回流，但仍有很多其他的美元基金在杭州投资项目，比如中东的阿布扎比主权财富基金。同时，具有招商属性的国资、产业基金也扮演了越来越重要的角色。

从行业特征来看，2014—2015年，移动互联网创业是主流，2016—2017年，SaaS发展起来了，如今，杭州"六小龙"中的宇树科技、云深处科技、强脑科技，都是做和硬件相关的产品。由此可见，杭州在互联网生态之外，更多科创企业涌现了出来，创业生态更加繁盛。

三土：我们看到很多评论文章把杭州称为"中国硅谷"，把浙大称为"中国斯坦福"，为什么是杭州？为什么是浙大？

花姐：全球很多创新创业活跃的区域都是在水边。硅谷是在旧金山湾区南端，杭州是在杭州湾西面。在水边，往往意味着更加开放的态度，更快地与外界交流信息。

浙大和斯坦福也有很多相似的地方：都是以理工科作为优势学科的名校；都是在经济发达的省（州）；都重视创业教育，有着成体系的创业课程，会邀请创业者、投资人（不是没创过业的大学教授）讲这门课。

当大家说杭州像硅谷、浙大像斯坦福的时候，其实是在描述理想中全球科技水平领先的创新创业高地：开放而又包容，年轻人能够在这里求学、创新创业，科研驱动创新，同时有着繁盛的投融资生态。就像大家说到西施，实际上是在描绘理想中的美人的形态。

三土：杭州"六小龙"的出圈让杭州获得了高度关注。不过相比北京等一线城市，杭州不算传统科教重镇，产业链完备程度也不占优势，为什么在这波科创浪潮中杭州能够拔得头筹？

花姐：第一，浙江有很好的民营经济基础。改革开放后杭州发展起了纺织服装、食品饮料、包装造纸等轻工业，互联网时代到来后，杭州成为"电商之都"，再到这几年杭州成为硬科技创新的策源地，我们看到，民营企业始终是经济活动中最活跃的参与者。民营经济的发展也创造了丰沛的民间资本，为科创企业早期发展提供了重要支持。

第二，以浙大为代表的创业教育的积累，活跃了城市的创业生态。以我自己为例，如果不是上了浙大，我可能就不会创业,至少不会在人生如此早期的阶段开始创业。我是2002年从山东考到浙大的,按照山东人的观念,考上公务员,或者当大学老师,才是最光宗耀祖的事。

浙大做了很多前置的创业教育,比如竺可桢学院的创新与创业管理强化班在1999年就成立了,方毅是第二届的班长。我和方毅是通过浙大一个创业主题的学生社团认识的。在浙大我们会觉得,那么多同学都在创业,我为什么就不行。所以你看,考上浙大后我就逐渐偏离了父母理想中的人生规划。

第三,杭州市政府对于科技型初创企业也给予了很大支持。一个例子是强脑科技,2017年,强脑科技创始人已经决定回国,以便借助中国供应链优势加速智能仿生手产品的研发和量产,每次回国都会有政府招商人员和他聊,不过杭州市政府是唯一一个飞了1万多千米,去波士顿办公室找他们洽谈落地事宜的。

"教练式孵化"

三土:你是一名创业者,为何要转型做投资人?

花姐:我们团队创业的最初几年,当时愿意投大学生创业的投资人非常少,我负责融资,我们想找上海一家有外资背景的风投公司伟高达融资,结果他们没有投我们,却邀请我去他们那里工作。我和方毅商量了一下,我们分兵突围也挺好,就去那里工作了两年半。

在伟高达，我跟着老板看项目，积累投资经验，2010年10月回到杭州就开始自己做投资。一方面，是因为当时我们的第一个创业项目"备备"卖给了百度，手头有了些钱；另一方面，是因为"手痒"，过去跟着老板投项目，现在想自己投，觉得帮助别人成功是一件很有意义的事。之后三年，我以个人名义陆陆续续投了三个项目，主要还是因为资金有限，其实也看了不少（项目）。2014年华旦天使就成立了。

三土： 华旦天使是一家主投科技、媒体和电信（TMT）项目的天使投资机构，2014—2015年出手的项目非常多，不过这几年，投资圈有一个共识，互联网创新已经走到了阶段性的尽头，可投项目越来越少了，你有这样的感受吗？从公开信息看，这几年华旦天使出手的项目也在减少。

花姐： 2014—2015年，我们出手投的项目每年十多个，这几年确实投得少了，不过站在投资人的角度，我永远不会说一个行业没有机会了。

我记得2015年拼多多参加过第三届浙大校友创业大赛，很多评委不看好，有一位评委老师直接说，中国电商格局江山已定了，还能折腾出什么？后来拼多多的发展大家都看到了。

所以机会永远都是有的，就看投资人有没有慧眼能够识别到，有没有合适的契机能够投进去。此时此刻，互联网仍然孕育着巨大的机会，TMT项目越来越有科技含量，用AI重塑互联网的项目正呈现出投资价值。

比如我们投资的全诊医学，创始人曾是一名外科主刀医生，创业后做给医院用的SaaS。GPT出现的时候，创始人看到一本关于GPT医疗的书，他来找我融资，说希望把书里面的东西通过AI来实现，现在他用AI大模型重构医疗诊断流程，很多三甲医院用的都是他这套系统。

英伟达创始人黄仁勋在2023年的时候说，ChatGPT是人工智能领域的"iPhone时刻"。iPhone不是第一个做智能手机的厂牌，但它定义了智能手机。现在我认为，2025年初DeepSeek横空出世，可能标志着人工智能领域的安卓时刻。iPhone在发展初期以卓越的用户体验聚拢了很多用户，2009—2010年，提到智能手机一定是苹果手机。后来安卓生态发展势头迅猛，用户规模超过了苹果生态。我认为DeepSeek生态将会非常繁盛，上面会长出很多有意思的应用。

三土：华旦天使是做天使投资的，天使投资本身充满很大的不确定性，而且你们投的很多项目，创始人刚开始创业的时候还是在校大学生。为什么要"投早""投小""投年轻人"？

花姐：每个人都会被自己过往的经历塑造。2005年我们开始创业的时候，就是一个学生创业团队。我们做第一个产品的时候拿的天使投资，就来自浙大的师兄。当时师兄对我们说，这钱多半是要被我们打水漂的，因为很少有人第一次创业就做成，不过既然创业了就好好干下去。师兄还期待我们将来事业上了某一个台阶的时候，也不要忘记去帮助浙大的学弟学妹。我们2005年创业，中间也经历过几次比较大的转型，2019年上市，花了14年时间。我们愿意帮助年轻人，相信他们会干得更好。

另一点不可忽视的是，2014—2015年，那个年代确实更适合大学生创业。当时我们投了订单来了、青团社，订单来了早期是通过互联网租帐篷给露营者，青团社早期是学生兼职平台，创始人本身就是这些产品的用户。

这几年，大学生创业在我们投资组合中的占比减少了，主要是因为新的经济周期、新的风口与技术浪潮下，对创业者会提出不同的要求，市场会更加偏好有经验的创业者。

三土：除了提供资金，你们还为被投企业提供了哪些支持？

花姐：早期投资总有"教育"的成分在里面，也就是辅导这些初创企业首席执行官的成长，我们称为"教练式孵化"。它意味着什么？

第一，我自己是创过业的，就像明星运动员退役去做教练，你现在打的仗我当年都打过，我的战术，面临大战时心态的调整，这些方法论我告诉你，是可以给你提供支持的。

第二，因为原来我也吃过苦，经历过不眠之夜，所以我能对你抱有同理心，你有什么苦难我可以好好倾听并适度给出建议。

第三，就像教练和运动员是利益共同体，我和你也是利益共同体，只有你好我才能好。我可以提供投融资资源对接、销售渠道对接、商业模式咨询等方面的服务。我在杭州创业多年，能够触达的资源，也可以向你分享。

在梦想小镇，我们还在运营湾西孵化器，有的我们投的项目就在湾西孵化器办公。我也会利用我的资源，为入驻企业提供"教练式孵化"的服务。

我们还会不定期举办创业小饭桌。很多重要、有信息量的沟通，都不是在正式的公开活动上发生的。正式活动上的发言，更多是为了做品牌传播，广播式地发布一些信息，闭门的非正式沟通更能碰撞出有价值的内容。

美国硅谷著名的创业孵化器YC（Y Combinator）也做投资，YC的投资组合都称之为"校友"（alumnus），YC是在创建一个大学校，大家在这个学校里学习如何创业，校友之间相互帮扶，华旦天使和湾西孵化器也在对标YC做同样的事。

"谨慎乐观"

三土：看上去，你更像是杭州本土创投生态的构建者。

花姐：天使投资主要就是投人，我们的一个原则是"不熟不投"，为了投到好项目，我也需要积极参与到生态中。最好在投之前，我已经认识创始人，如果是为了投项目我才认识创始人，那么我需要观察更长时间。

在各种生态中，我以多重身份参与其中。我经常回浙大讲课，做讲座，担任创业大赛的评委。可以毫不夸张地说，对创业感兴趣的浙大同学，在校期间应该至少有一回听过我的演讲，以我回学校讲课的密度这是能够达到的。很多创业者来找我，第一次加我微信的时候还是在校学生，下一次来找我聊就已经正式创业了。另外，我投了这么多企业，企业老板们也会给我介绍好项目。

总之，我的角色是一个社区建设者，我要不断地在生态里作出贡献，管理好自己的声誉，这样才能广泛地触达项目，有好的项目需要融资时大家会想到我。

三土：为什么在天使投资中，首席执行官如此重要？

花姐：经纬创投的创始人张颖说，一个项目的成功与失败，80%要看首席执行官。天使投资更是如此，说实话天使轮融资阶段的点子，多半是忽悠的点子，而不是最后成功的那个点子。

一家公司只要活得时间足够长，多半会面临转型，因为外面的世界是不断变化的。一个好的首席执行官能够敏锐感知到外部的变化，带领团队一次又一次地在生存竞争中转型。

三土： 一个项目的首席执行官有哪些"雷点"，你就会一票否决？

花姐： 创始人如果有诚信方面的问题，之前坑过其他人，那我们一定不会投。

创始人如果过于幼稚，我们也不会投。虽然我们投了很多学生创业团队，但这些创始人属于学生中更加成熟的那一批。比如我们投了订单来了，沈老板（订单来了创始人沈爱翔）在大一的时候就开始做租帐篷的小生意，对于商业有着比同龄人更加成熟的认知。创始人如果过于幼稚，很多课补起来是非常难的。

明显跟风的项目我们也不会投。我每次都会问创始人为什么要创业做这件事，希望能够听到比较符合"第一性"原理的回答，一定是从社会需求出发，创始人发自内心想做这件事，有漫长而持久的激情，只有这样，成功的可能性才会更大。现在AI陪伴硬件很热，如果创始人是因为这个产品很热，觉得投资人可能会喜欢才去做，这样的项目我们就不会去投。

三土： 华旦天使有哪些比较有代表性的投资案例？

花姐： 比如，灵活用工平台青团社，就是我们比较有代表性的投资案例。

创始人老邓（邓建波）找我融资的时候是浙江工业大学大四的学生。虽然是在校学生，当时他做大学生兼职平台，已经做了一年半，是以学生社团做公益的方式在做，可见他对做这件事很执着。他做这件事的初心，就是因为他自己找兼职被骗，所以想自己做一个。

老邓对于市场趋势有着近乎直觉的判断。2013年的时候，老邓瞄准了灵活用工，也就是将兼职平台的用户从大学生扩展到社会人员。他跟我说，美国40%的成年人都在做灵工，中国灵活用工的渗透率不到2%，一定会向上发展。

华旦天使投了以后，他的公司也经历过转型升级，发展得越来越好。最开始完全面向学生，现在学生和社会人员各占一半，2019年，他们推出了SaaS产品灵工管家，为使用灵活用工的企业提供排班考勤、电子合同、用工保险、人才库运营等一站式服务。现在几家上市的头部茶饮品牌都是他们的客户，古茗上市敲钟的时候，老邓也去了。

三土：评价一下你个人的投资风格。

花姐：谨慎乐观。如果不乐观，压根就不要做天使投资，不要去跟初创团队打交道。因为初创团队多半都会死掉。谨慎乐观意味着，我对初创团队感兴趣，但我还是会按照我的标准对你进行考核，如果无法满足我的标准，大家可以交个朋友，但是我不会投钱给你。

三土：从事投资行业十多年，有没有比较困扰你的问题？

花姐：有时候我们也在反思，对首席执行官的要求这么高，这几年每年投这么少，会不会因此错过一些好项目。后来慢慢也就想通了，总会有错过的团队，不可能什么好项目都被我投了。

做早期投资，本质上是一种农耕行为，春耕秋收，该播种的时候播种，该收获的时候收获，耕耘好自己的一亩三分地，待时机成熟，好的项目自然就会开花结果。

三土：你认为当下是创业的好时机吗？

花姐：真正会创业的人根本就不会在乎现在是不是创业的好时机。

如果说现在适合创业，一个机会可能在于，AI发展到这一步，创业者可以去尝试点子的成本大幅降低了。

一个人通过发现问题、解决问题定义产品的能力比以往任何时刻都更加重要。最开始，哪怕这个产品没有那么完美，不如快速拿出最小可行产品，让产品自然生长，接受用户检验，如果不行再换方向。2025年年初DeepSeek火了，对大家的思维方式产生了很大影响。以往很多人会觉得AI距离我很远，我可能用不到，现在大家会觉得"AI＋"与我有关，这里面蕴含着巨大的商业机会。

三土：你认为一个人创业最好的时间是在什么时候？是学生阶段就开始创业，还是先去工作几年积累经验后再创业比较好？

花姐：我认为一个人想要创业，在人生的任何阶段都可以。所谓创业的好时机，主要在于创业者有没有发现真正的市场需求。一旦开始创业，就是一场漫长的马拉松，早一点起跑也挺好。我这样说不是忽悠大学生都去创业，而是说一旦决定创业，你总要从一个地方开始跑，总要交一点学费，不妨早一点开始，早点交完学费也好。

第4章

群星闪耀时:中国创业创新的"满天星斗"

前面几章，我们详细梳理了杭州的历史沿革、政策环境、产业基因……这些都是杭州"六小龙"能够诞生的深层逻辑，也是许多城市都在探寻的背后原因。

"六小龙"爆火后，不少城市纷纷展开反思：为什么杭州能够诞生"六小龙"而自己没有？杭州有"六小龙"，我们有什么？……这种集体焦虑催生了对"杭州经验"的研究潮和考察潮，各地政府纷纷来杭取经，希望借鉴杭州经验，复刻杭州模式。

诚然，杭州在科技创新孵化、小微经济培育等领域确有标杆价值。但其模式的本质，是根植于本地产业结构与历史脉络的产物，并不是一套放之四海皆准的方法论。每个城市的历史条件、区位特征、产业禀赋千差万别，决定了发展路径的必然差异。

为了展现更加多元的城市发展逻辑，本章选取南京、合肥、无锡、义乌四个长三角城市作为样本。

作为长三角重要的省会城市、政治经济中心，南京的产业图谱深刻烙印着"国家力量"。依托雄厚的军工遗产和国家级资源，南京形成了自上而下的产业布局，其重工业优势延伸至信息技术、智能制造等新赛道。

同样是省会城市，合肥的成功表面上看更像是一场"风险投资"的胜利，背后却是合肥政府对产业趋势的前瞻把控。在没有产业基础的情况下，通过押注京东方、长鑫存储等战略性项目，合肥在新型显示、集成电路等新兴科技领域撕开突破口，被外界冠以"最牛风投城市"之名。对面临资源桎梏的城市来说，合肥的经验具有开创性的示范作用。

与杭州、南京、合肥相比，无锡既没有省会资源支持，又缺乏浙江大学、南京大学、中国科学技术大学这样的顶尖高校。但靠着无锡人敢为人先的闯劲，无锡的制造业不断升级换代，其在纺织、机械等传统产业的优势逐渐进化为物联网、光伏等产业的新质生产力，为大量"普通城市"提供了升级路径。

义乌是本章几个城市中起点最低的一座城市。它曾经是浙江金华最落后的县城，如今却成了全球最大的小商品市场。鸡毛换糖的货郎担们凭借江浙民营经济的"四千"精神，缔造了自己的商业帝国。时至今日，义乌也并没有盲目追随大城市的高精尖产业浪潮，而是立足自身商贸基因，将小商品做成大生意,深耕产业链整合与全球化布局。面对当前中小城市和广大县城普遍面临的人口外流、产业萎缩与空心化困境,义乌的发展路径提供了极具参考价值的破局思路。

对于正在探索转型路径的城市,本章案例提供了多维参照系,通过本章的案例分析,可以得到一个核心启示:产业生命力源自禀赋激活而非模式复制。南京的国家使命、合肥的风投胆识、无锡的制造韧性、义乌的商贸智慧,本质上都是对本地要素的创造性转化。杭州模式固然值得学习,但每个城市也要结合自己的实际情况,来制定更切实有效的产业链政策。

◇◆◇

01
南京:产业进化论的标本城市

各领风骚三五年,是城市竞争的常态。属于每个城市的高光时刻或长或短,取决于城市发展方向,也取决于城市性格。

南京因为有着辉煌的历史片段,所以不得不背负更高的期望。但与其闪耀的过去相比,南京在城市争相"出圈"的今天似乎显得过分低调,以至于"六小龙"爆火之后,有人发问:

"杭州有'六小龙',南京有什么?"

南京有的东西,不胜枚举。南京拥有包括13所双一流高校在内的54所高校,智力密度跑赢全国;南京是长三角集成电路产业带的核心城市之一,处全国第一方阵;南京拥有全国最大的智能电网集群,占据中国市场80%的智能电网产业规模,集聚相关企业1200余家;南京是首个"中国软件名城",中国(南京)软件谷集聚企业4462家;南京生物医药产业企业营收突破2100亿元,是绝对的全国第一梯队成员……

相较于网红城市,南京更似"大国产业底座的锻造者"。作为民族工业发源地之一,南京化工产业历史有近百年,为国产化肥体系奠定了基础;南京以占全国0.06%的土地支撑近30%的特钢产能,为300多个大国重器提供关键材料;率先想到打造数字经济,成为全国系统性布局数字产业的省会城市……

比这些产业本身更为重要的是,南京的产业演变逻辑。梳理过去百年来南京的每一次产业升级,基本都遵循着生物进化般的连续性法则,环环相扣、持续迭代。它并没有像杭州、合肥那样,发生过颠覆式的产业革命。这为我们观察中国城市产业转型,提供了一个不同的典型样本。在产业链价值凸显、全球不确定性加剧的今天,这个样本背后的发展模式正显现出被低估的战略价值。

那么,这样一个值得关注的样本级城市,它的产业进化源头从何而来？现在又呈现出怎样的形态？关于南京的产业，大众存在哪些误解？当中国城市化从2.0的城市群时代步入3.0的都市圈时代，我们又该以怎样的视角来看待南京？

百年金陵的产业演变史

与杭州相比，南京的工业化早了近百年。

早在19世纪60年代，晚清洋务派为了富国强兵、救亡图存，先后在安庆、上海、福州等主要城市建造了一批军工厂。南京作为当时两江总督衙门所在地，也成为这批最早工业化的城市之一。清同治四年（1865），担任两江总督的李鸿章在南京中华门创立金陵机器制造局，民国元年（1912）改称金陵制造局。金陵制造局是江苏最早的工业企业，其成立标志着南京近代工业的开端，也成为中国近代军事工业的摇篮。

紧随着官办军工业的脚步，南京的民营工业也开始勃兴。清光绪二十年（1894），南京第一家由商人投资兴办的近代工业——胜昌机器厂建立。随后，一批船舶修造、机器制造、纺织印染、服装制作、粮油加工等私营工厂相继建成投产，其中较知名的有协昌机器厂、永泰昌机器厂、永兴翻砂厂等。

从晚清到民国，近百年间，虽然朝代变迁，但南京作为重要城市的地位始终没变，在此过程中，越来越多产业在此汇聚。

民国十年（1921），上海民族工商业者姚锡舟联合上海金融界和实业界人士共同集资,在南京龙潭镇(今栖霞区)创办中国水泥厂。这是国内首家湿法水泥厂。通过从德国引进"湿法旋窑",中国水泥厂在民国二十二年(1933)时日产水泥就达到了715吨,是当时中国最大的水泥生产企业之一。

民国二十三年(1934),著名实业家范旭东和化学家侯德榜在南京卸甲甸(今六合地区)创立中国第一座化肥厂——永利铔厂(今南化公司),该化肥厂被誉为"远东第一大厂",推动了南京成为中国化工工业的发源地。

尽管如此,到新中国成立之初,南京还是一个以轻工业为主的城市。1949年,南京全年工业总产值仅4.81万元,其中轻工业占比高达75.7%。

南京的全面工业化,始于新中国成立后的"一五"期间(1953—1957年),国家在南京系统布局了化工、汽车、钢铁等重化产业。

在化工领域,"一五"期间,国家先后投资4500万元对永利铔厂、南京化工厂等企业进行技术改造和设备更新,亚硝酸钠、钒触媒、硝基苯酚、间氨基苯磺酸等产品相继问世。同时,南京气体厂、南京润滑油厂、南京制胶厂、南京塑料厂、五一塑料厂等一批新工厂陆续建成。

在汽车领域,1953年,国营南京汽车制配厂成立,并被正式纳入国家计划。1957年10月,南京汽车制配厂承接了仿制苏联嘎斯51型汽车的任务。五个月后，新中国第一辆轻型载货汽车NJ130试制成功，周恩来总理亲自为其命名为"跃进"牌。"跃进"牌轻卡的下线，标志着中国轻型卡车自主化生产的开端，这一车型迅速成为国民经济和军队运输的主力车型，1958年6月，改名为南京汽车制造厂的南汽成为中国第一家轻型汽车生产企业、中国第二家中央直属汽车企业，推动南京成为机械工业重镇。

在钢铁领域，1957年，江苏省与南京市政府共同决策在大厂镇筹建地方国营南京钢铁厂。1958年，南钢正式成立，是当时国务院批准建设的全国冶金行业18家地方骨干企业——也称"十八罗汉"之一。建厂后的三年内，南钢的炼铁、炼钢、轧钢车间先后建成投产，不仅结束了江苏无现代钢铁工业的历史，也为本土和长三角重工业奠定了基础。

靠着国家资金倾斜与省市政府的积极规划，南京初步建立起完整的工业体系。与此同时，后来影响南京产业格局的很多新兴产业也在这一时期崭露头角。

1953年3月，南京无线电厂研制成功全部国产化的红星502型收音机，结束了中国只能依靠进口元器件组装收音机的历史。1956年，南京无线电厂研制成功一款性能达到当时国际名牌水平的506型五灯收音机，经南京市民投选，以"熊猫"命名。熊猫牌收音机于1957年进入国际市场，开创了中国电子产品出口的先河。

到了20世纪60年代,南京有线电厂开始研发生产计算机,不久有了江苏首台电子数字计算机。1965年7月10日,军工骨干企业华东电子管厂研制出中国首台激光测距仪,主要用于战场侦察、火炮定位和航空测距,南京电子工业从民用向国防科技领域延伸。

改革开放后,随着海外资本和技术的涌入,南京的产业结构得到了进一步优化升级。

在服务业领域,1983年10月,出生于南京江宁的新加坡侨商陶欣伯与南京市政府合资建立金陵饭店。金陵饭店是改革开放后中国首批利用侨资、外资兴建的五星级饭店之一,长期承担外事接待与商业洽谈职能。

在电子工业领域,1988年4月,南京华东电子管厂与荷兰飞利浦电子公司合资成立华飞彩色显示系统有限公司,该公司至今仍是江苏省最大的中外合资企业之一。华飞公司成立后,引进了飞利浦CRT(阴极射线管显示)显像管生产线,填补了国内彩电核心部件的空白,并促进了本土供应链的发育,南京显像管厂、华东电子集团、南京德普达电子等一批配套企业纷纷诞生,到了20世纪90年代,南京已形成全国最大的CRT产业集群。

在化工领域,2000年,扬子石化与德国巴斯夫成立合资公司。随后启动的扬巴一体化工程是中国政府批准的首个大型石化合资项目,也是国家"十五"重点工程,成为当时中国产业资本多元化的典型,推动了南京的化工产业升级。

在此过程中,南京也积极主动规划新兴产业。早在21世纪之初,南京市就瞄准了软件和信息服务产业的全球趋势,并在雨花台区着手布局。

2001年,位于雨花台区花神庙村的中兴通讯南京研发中心一期竣工。四年后,华为将南京研发中心落户在中兴附近。两家通讯领域的链主龙头在雨花台齐聚,形成了南京最早的软件产业集群。

2008年,雨花软件园成立。次年,雨花软件园内全长5.3千米的"宁南大道"更名为"软件大道",成为当地首个以产业命名的道路。到2010年时,园区的软件及系统集成销售额已达到220亿元,而南京全市的软件产业规模则从十年前的区区十几亿元,增长了近百倍,首次突破1000亿元。

为了进一步推动这一支柱产业的发展,2011年,南京将原雨花软件园及周边区域整合成立中国(南京)软件谷,规划面积73平方千米,是当时国内最大的通信软件基地。软件谷成立后仅用了两年的时间,就汇聚了数百家企业,产值突破1000亿元,成为"中国首个千亿级软件产业基地"。

也是在2013年,南京率先想到打造数字经济的口号,并发布了《关于加快大数据产业发展的意见》，成为全国系统性布局数字产业的省会城市。所以，那种认为南京在发展数字经济方面不够积极，慢周边城市一拍的观点至少在事实层面是不客观的。

经过多年发展，中国（南京）软件谷已集聚4462家涉软企业，招引培育了18家世界500强及世界软件百强企业，软件大道的两侧，中兴、华为、维沃（vivo）、诚迈、润和等一批龙头企业的品牌标识随处可见。在其带领下，南京软件和信息服务集群于2021年进入首批国家先进制造业集群。而根据《南京市推进软件名城提质升级　打造万亿级产业行动计划》，到2025年，全市软件和信息服务产业规模将突破1万亿元。

南京首个万亿产业正呼之欲出。

南京的产业体系是进化出来的

2017年，南京提出打造"4＋4＋1"主导产业体系，开始发力新兴产业和未来产业。在此基础上，2023年南京进一步提出加快构建"4266"产业体系。

其中，"4"是指钢铁、石化、汽车和电子四大支柱产业。2023年，这四大支柱产业合计产值超9000亿元，占全市工业总量60%以上。其中南京的钢铁产业，以不足全国0.06%的国土面积贡献了全国4.2%的钢铁产量，其高端特钢产品在全球供应链中具有不可替代性，尤其在能源装备、航空航天领域打破了欧美垄断。

"2"是指软件和信息服务、新型电力（智能电网）两个国家级产业集群。前者正在冲击万亿规模，后者的规模也已高居全国首位，2023年营收达3612亿元，覆盖"发、输、变、配、用、调度、通信、综合能源服务、电力网络安全"全产业链。集群拥有相关企业近1200家，涵盖578家规上企业、9家独角兽企业和64家"瞪羚"*企业，以及国家制造业单项冠军企业2家、专精特新"小巨人"企业9家、省级专精特新中小企业35家。

第一个"6"是指生物医药、新能源汽车、集成电路、智能制造装备、新型材料、航空航天六大新兴产业，目前这些产业均表现出稳定的增长势能。比如在低空经济领域，南京是全国首批民用无人驾驶航空试验基地（试验区）中唯一的特大城市，全市"链"上主要企业近300家，其中高新技术企业占比近一半。新能源汽车产业链2023年营收达2400亿元，同比增长18%。

第二个"6"是指新一代人工智能、第三代半导体、基因与细胞、元宇宙、未来网络与先进通信、储能与氢能六个未来产

---

* 指商业模式得到市场认可，收入或雇员人数达到一定规模，已经成功跨越创业"死亡谷"并进入高速成长期的创新型企业。

业新赛道。在这些赛道，南京也有不少亮点表现，其中第三代半导体、未来网络与通信等已形成新的增长点。比如在全球最前沿的6G技术研发方面，江宁区设立的紫金山实验室完成了世界首个6G光子太赫兹实时无线传输通信实验，并在2023年年底实现了1Tbps的实时传输速率，刷新了太赫兹无线通信领域世界最高实时传输纪录，共创造十余项"世界第一"。

可以说，"4266"产业体系代表了南京产业的国内甚至国际竞争力。尤其值得一提的是，与杭州那种断崖式、颠覆式的产业发展模式不同，南京目前的主要产业几乎都是在原有产业基础上一步步迭代而来的。

回顾南京百年产业变迁史，一个核心关键词是"进化"。像四大支柱产业之一的电子产业，产业基础最早可以追溯到新中国成立之初。凭借南京无线电厂、南京有线电厂和一大批军工企业，南京迅速成为新中国电子产业的重镇。当时的南京无线电厂除了研制出国产收音机、电视机，还在短波通信技术领域取得突破，被誉为中国电子工业的摇篮。

1975年，中国第一座10米天线卫星通信地面站在南京无线电厂总装调试成功，这在我国卫星通信发展史上具有划时代意义。1987年，以南京无线电厂为主体，以熊猫名牌产品为龙头，南京组建了熊猫电子集团。通过实施大公司发展战略，"熊猫"发展成为全国电子行业多门类、多层次、开放型的大型企业集团。

2000年，南京提出"电、汽、化、特"发展战略，将电子信息产业置于首位，明确了电子信息产业的支柱地位。2010年，工信部认定南京为首个"中国软件名城"。同年，南京的软件产业规模突破千亿元，进一步巩固了电子信息产业的支柱地位。

此后，台积电、紫光集团、富士康等芯片企业先后落户南京，京东方、杉金光电等显示龙头企业也在南京安家，中兴通讯智能制造基地也于2020年投产，南京由此围绕电子信息产业形成了"集成电路＋新型显示＋信息通信"三大集群。到2023年，南京电子信息产业产值达到3062亿元，占全市工业总量比重超过20%。

再比如南京的汽车产业，其发展进化历史也超过了一个甲子。

1958年南汽"跃进"牌汽车下线后，数十年间供不应求，由此奠定了南京作为全国重要汽车产业基地的地位。改革开放后，南汽引进日本五十铃技术、意大利菲亚特集团依维柯公司S系列轻型汽车制造技术，又成立了南京菲亚特合资公司，依维柯轻客成为一代"神车"。进入21世纪，长安汽车、上汽大众、马自达几大主流车企陆续在南京完成整车研发和生产基地布局。

汽车产业60余年的不断深耕，让南京在新能源汽车产业萌芽时率先"上车"。早在2014年，南京就入选全国第二批新能源汽车推广城市，借助青奥会推广新能源公交车。

最近这几年，新能源汽车大战在全国愈演愈烈。南京发挥汽车零部件产业基础优势，在汽车电动化、智能化、网联化转型升级中加紧布局和培育新增长点，并通过引入金龙、比亚迪等企业，逐步形成了较为完整的新能源汽车产业体系。特别是南京市溧水经济开发区，目前已是江苏全省产能最大、实力最强、配套最完善、规划最合理的新能源汽车产业基地。

2023年，南京整车产量超过60万辆，其中新能源汽车整车产量超20万辆，同比增长25%以上。新能源汽车产业链规模以上企业近300家，新能源汽车出口值29.5亿元，同比增速高达220.9%。

值得一提的是，在新旧产业迭代过程中，南京认识到传统产业的"基本盘"作用，对其始终秉承着优化升级的态度，而非推倒重建。

2000年之后，在城市更新和环保压力下，很多城市开始施行"退二进三"，腾出空间发展商业和服务业。南京虽然也在2014年左右对一些重工业企业进行外迁，但并非彻底抛弃，而是优化全市产业布局，推动传统产业向高端化、智能化、绿色化转型。

南京江北，曾经是钢铁、石化等传统产业的集聚区。早在2001年，这里就成立了重点发展石油与天然气化工、基本有机化工原料、精细化工、高分子材料、生命医药、新型化工材料六大产业领域的南京化学工业园区。2015年江北新区成立后,从政策与空间方面加大了对于传统产业升级的支持力度。不仅将南京化学工业园区升级为南京江北新材料科技园,使其成为南京市唯一以发展现代化工为主的专业园区,还将其定位为打造特色鲜明、产品高端、安全绿色的新材料产业高地。

截至2024年,园区拥有中石化、德国巴斯夫、美国塞拉尼斯等20多家世界500强、全球化工50强以及细分市场领先企业,连续三年位居全国化工园区30强榜单第二。

伴随传统产业的转型,从化学工业派生出来的生命健康,以及集成电路、金融等新兴产业也在江北大地萌芽、疯长,延续着南京的产业进化史。

衡量产业地位,不能只看知名度和GDP

2011年,南京江北新区的生物医药谷成立,寄托着南京建设国家生物医药产业基地的战略雄心。经过十多年的发展,这里已汇聚了近1300家生命健康领域企业,形成了涵盖基因测序、精准医疗、创新药物研发、高端医疗器械等领域的完整产业链。

2024年,园区首次跻身"中国生物医药产业园区竞争力"排行榜全国第8位。同年底,南京生物医药产业(含制造、流通和服务业)企业营收突破了2100亿元,是绝对的全国第一梯队,综合竞争力位居前列，尤其在创新药研发、基因科技、产业生态构建等方面表现突出。

不只是在生物医药领域，南京的很多产业都跑在全国前列。公开数据显示，截至2024年年底，南京共拥有国家级专精特新"小巨人"企业334家，拥有国家级制造业单项冠军企业31家。

只可惜，南京的很多产业和顶尖企业并不太为人所熟知，甚至连南京本地人也未必了解。这和南京的企业多数面向企业端、供应链端不无关系。相比杭州的电商产业、网红经济，南京的企业显得比较"低调"，不容易在传播层面触达大众。以至于杭州"六小龙"爆火以后，有媒体还质问："南京为何没有'六小龙'？"

但其实，在关乎国民健康、产业命脉的许多领域，南京都发挥着关键作用。很多南京企业不仅具备国际竞争实力，还肩负着突破国外技术"卡脖子"的重担。有人梳理，光是生物医药这一个行业，南京就盘踞着六条"小龙"。他们分别是：

国内内镜诊疗领域领军企业、多项技术创新打破国外垄断、海外销售收入占比过半、在国际市场上可以跟国际巨头"掰手腕"的知名医疗器械企业南微医药；国内生物试剂市场占有率名列前茅、在高通量测序等领域具有核心技术优势的诺唯赞；在肿瘤的精准医学领域深耕细作，也是国内肿瘤基因测序行业的佼佼者，为中国肿瘤精准医学在国际舞台上赢得高声誉的世和基因；专注于细胞治疗药物研发，构建了完整的细胞治疗产业链，在CAR-T疗法领域有着深入研究和卓越成果的驯鹿生物；在消化类、抗肿瘤类领域拥有核心产品，多款产品连续多年在国内市场占有率排名第一，对国内消化领域药物的研发和应用产生了深远影响的奥赛康；专注于心血管、肿瘤等领域创新药的研发，填补了国内空白，为中国创新药走向国际市场奠定坚实基础的柯菲平。

还有很多人说，"南京没有大厂"，这也是个误解。若将"大厂"狭义理解为互联网头部企业，那么小米、阿里巴巴、华为、字节跳动、腾讯均在南京设地办公。若从更加广义的国家战略、工业基础和科技创新维度来审视，南京不仅拥有"大厂"，更是中国高端制造业和基础科研的"隐形冠军"高地。

以集成电路为例。集成电路是数字经济、人工智能、6G通信等前沿技术的底层基础，集成电路的自主可控是保障国家经济安全、科技领先与国防实力的战略选择，也是目前以及未来GDP增长的重要引擎。

作为长三角集成电路产业带的核心城市之一，2023年南京集成电路设计企业整体销售规模位居长三角第四、全国第六，与北京、上海、无锡等共同构成全国"第一方阵"。全市247家规上集成电路企业实现营收681.68亿元，同比增长8.0%。其中，设计业360.73亿元、晶圆制造174.82亿元、封装测试57.91亿元、支撑业88.22亿元。

在集成电路这样的动脉型产业上，南京所发挥的价值已经大大超出了省会城市的定位。

与产业发展息息相关的，是一座城市的科研实力。根据《自然》增刊"2024自然指数-科研城市"，南京的科研实力排在北京、上海、纽约都市圈、波士顿都市圈之后，位居全球第五。其中南京在化学领域位居第三；在物理领域首次超越波士顿和纽约，跃升至第三位；在地球与环境科学领域过去四年一直保持在第二位。

而究其原因，就不能不提南京的高教实力。南京拥有54所高校，其中双一流高校13所，数量居全国第三，仅次于北京与上海，985工程高校2所、211工程高校8所，在校生数量超过100万人。

除了数量上的名列前茅，南京高校的学科优势和科研水准也值得一提。南京是中国三大高等教育中心之一，两院院士数量、科研人才密度、科教综合实力、科研成果转化率均稳居全国前列。

光是生物医药专业，南京就拥有4所生物医药领域专业院校和20余所开设相关专业的重点高校，其中，中国药科大学、南京大学、东南大学、南京中医药大学等均为"双一流"高校，学科优势显著。背靠高校形成的科研资源，南京构建了"教育-

科技-产业"深度融合的生态体系。2024年,教育部和江苏省签署战略合作协议,共建首个全国高校区域技术转移转化中心,其中,南京生物医药分中心落户南京生物医药谷园区。自运营以来,已接洽全国高校62家,遴选医药成果885项,入驻项目14个。

不难看出,作为南京都市圈的核心城市,关键产业的肱骨之城,南京的竞争力,在于其"创新驱动-产业厚度-枢纽功能-战略担当"四位一体的综合能级。在当前中国参与全球竞争产业的格局中,南京更多承担着"非GDP指标"的责任。单纯从GDP排名角度来看待南京,是不客观的。轻视南京,更是不可取的。南京的产业虽然不够"网红",但对于全国产业大盘来说却不可或缺,轻视南京,就等同于忽视中国在高端制造、科技创新与区域协同中的核心支点。静水流深,南京的产业实力不容小觑,南京产业潜力不可估量。

02
合肥:"最牛风投城市"如何炼成

2025年年初,国家统计局公布的2024年经济数据中,全国规上工业增加值比上年增长5.8%。而安徽省合肥市的这一数值为14.8%，高出全国平均水平九个百分点，在27个GDP万亿城市中排名第一，超过工业强市郑州（10.5%）和深圳（9.7%）。

然而曾经的合肥，很长一段时间内都是一个"县城级"省会城市：新中国成立之初，合肥经济总量不足亿元、工业总产值只有163万元，城区面积仅5平方千米。农业是主导产业，且生产方式落后，工业基础极为薄弱，全市只有一些小厂、铁匠铺和小作坊。

那时候，上海城区人口已经超过500万，武汉三镇（武昌、汉阳、汉口）人口100多万，杭州人口约60万，就连安徽省内的芜湖、老省会安庆、交通枢纽蚌埠的人口数量，也都比合肥多。这一时期，合肥自身建设还要靠省内兄弟城市"输血"，对安徽省的贡献微乎其微。

即使到了21世纪初，合肥的情况也并没有好到哪里去。2000年，合肥的GDP还只有324.73亿元，位列全国第82位，仅为苏州（1540.68亿元）的21.1%、杭州（1380亿元）的23.5%。常住人口只有446.59万，为南京（614.85万）的72.6%，为杭州（621.58万人）的71.8%。合肥在长三角城市群里，处于被忽视的边缘。

当然合肥的势弱，不能全怪合肥。相比紧挨长江的芜湖、安庆，三分巢湖前的合肥是个纯内陆城市，没有深水港资源，水运受限，大宗物流依赖陆路转运。很长一段时间内，合肥的陆路交通也并不发达，从合肥到南京、上海、北京、成都等地都需要先去蚌埠绕道，动不动就要走一夜。就连后来进入高铁时代，重要的南北向高铁京广高铁、京沪高铁都不经过合肥。

那么问题来了，从几乎没有产业基础的"最寒酸"省会，到规上增速列万亿城市之首，合肥是怎么做到的？

靠"赌"。

如今，每当聊到合肥在全国城市中扮演的角色，一个"赌徒"的形象立马浮现在很多人脑海中。从20世纪70年代全力承接中科大南迁，到投资京东方、长鑫存储，押注蔚来汽车，合肥有很多"孤注一掷"式的投资。在外界看来，合肥用一场场"豪赌"，为自己赢得了一个光明的未来，所以被媒体称为"风投之城""中国最牛风投机构"。合肥的成长路线，印证了城市发展的一个规律——选择比努力更重要。

中科大南迁，产业人才落地合肥

影响合肥城运的第一次"风投"，就是接纳中国科学技术大学。

作为中国科学院直属高校，中科大1958年创建于北京。建校第二年，即被列为全国16所重点大学之一，排名第四，仅次于北大、清华和人大。

1969年开始，受国内外形势影响，包括中科大的13所高校开始迁出北京，到河北、陕西、山东、河南以及安徽等地办学，史称"京校外迁"。中科大最初的目的地是河南。但因为当时正值十年动荡期，全国上下生产生活都处于停滞状态，各省市的财政收入十分有限，粮食紧缺，所以面对几千师生的吃住问题，捉襟见肘的河南不得已婉拒了中科大。多年以后，郑州大学原校长嵇文甫曾感叹，失去中科大，是河南高教史上最大的遗憾。

相比河南，安徽的情况也好不到哪去。但"家徒四壁"的合肥却毅然选择接纳中科大。不仅腾出了合肥师范学院和安徽省银行干部学校的校舍让中科大落脚，更举全市之力支持中科大办学和科研。

时任安徽省委第一书记李德生表示，就算勒紧裤腰带，也得把国家的科学人才给留住，这让中科大的师生在普通家庭难见油腥的时代每顿饭都能吃上米饭和肉。北方来的老师和学生不习惯南方湿冷的冬天，合肥就为中科大的师生们建起了一条供暖专线。至今，中科大仍是中国南方罕见的有暖气的大学。除了用地和生活供给，合肥对中科大的科研也是鼎力支持。在那个电力供应极度匮乏，工厂都得"做一休一"的年代，中科大却享受到了最高级别的电力保障，科研教学活动得以顺利开展。

中科大也没有辜负合肥的一片赤诚。南迁不到三年，中科大便重建了数学、物理和化学的基础教研室。1978年，中科大主导筹建中国第一个国家级实验室——国家同步辐射实验室，并组建了一支平均年龄不到35岁的年轻队伍。这个实验室里诞生了中国第一台自主建设的专用同步辐射光源——合肥光源，让合肥跻身全球少数拥有同步辐射光源的城市。不仅如此，后来合肥获批建设科学中心，同步辐射实验室成为"7＋2"大科学装置集群的起点，直接推动国家战略在合肥的落地。

可以说，中科大的入驻直接改变了合肥的城市命运，帮助这个默默无闻的中部省会成为继上海之后全国第二个获批建设综合性国家科学中心的城市。

2023年2月，全球著名的前沿科技咨询机构ICV发布首个年度全球未来产业发展指数报告（GFII 2022），合肥位居全球第18位、中国第4位，在国内仅次于北京、粤港澳大湾区和上海。而2024年11月，《自然》杂志发布的"2024自然指数-科研城市"名单中，合肥跻身全球科研城市15强，国内排名第7。《自然》杂志评价合肥："非一线城市，有着一流的科研。"

到了城市产业排位赛进入高新技术领域、人工智能唱主角的今天，人才更是成为产业发展的根基。谁能抢到更多、更尖端的科技创新人才，谁就能在竞争中具备先发优势。这一阶段，中科大对合肥和安徽的赋能便越发凸显。

2019—2024年，中科大毕业生在安徽就业的总人数，达到6231人，其中博士1956人。在安徽的中科大校友中，约有2万人从事高新技术相关工作,科技类校友企业上千家。大部分留皖就业的中科大毕业生,都汇聚于合肥,这对合肥来说,是源源不断的产业创新动力。

众所周知,杭州这一波人工智能浪潮中,"高校系"是一支关键的力量,像深度求索创始人梁文锋、云深处科技创始人朱秋国、群核科技的黄晓煌和陈航,以及灵伴科技创始人祝铭明、整数智能创始人林群书均为浙大校友。

某种意义上,中科大之于合肥,正如浙大之于杭州。在中国乃至全球科创版图上,也存在"科大系"现象。它指的是中科大校友群体在科技创新与产业转化中形成的独特生态,最典型的体现是中国科创板的"科大系"企业群。开板一周年时,"科大系"企业市值就超过了3000亿元,占整个科创板的十分之一以上。

跟别的高校不同,"科大系"创业具有明显的硬核科技特征,聚焦量子信息、人工智能、芯片设计、新能源等前沿领域,技术壁垒高且与国家战略需求深度绑定。比较知名的"科大系"企业有科大讯飞、国盾量子、寒武纪、商汤科技、龙芯中科、华恒生物、云从科技等。

"科大系"现象的出现,同样离不开合肥政府的支持。对中科大毕业生的创业想法,合肥从资金、场地等方面都给予了政策支持,还会安排专门团队服务对接,这与杭州的做法不谋而合。其中，科大讯飞是一个非常典型的案例。

1999年，在中科大从少年班一路深造到博士二年级的刘庆峰和几个同学在民房里创立了科大讯飞。由于基础研究投入较大，科大讯飞在起步阶段就遭遇了资金难题，必须向外融资。此时已经有不少人注意到了这个颇有潜力的创业团队，北京有投资人甚至愿意向其注资5000万元，条件是公司要从合肥搬到北京。

关键时刻，合肥政府出手了。在政府的撮合下，合肥美菱等三家企业决定向科大讯飞注资，各投1020万元。四年后，认定人工智能方向的科大讯飞扭亏为盈，并于2008年成功上市。

很快，科大讯飞做到了中文智能语音技术的世界第一、智能语音产业市场占有率第一，成为国内首批开展认知智能技术研究的企业。凭着领先的技术，科大讯飞获批承建认知智能全国重点实验室，是首批20个标杆全国重点实验室之一。

2012年，以科大讯飞为龙头，全国首家定位于智能语音和人工智能领域的国家级产业基地"中国声谷"建立。目前，中国声谷占据了全球中文智能语音应用市场80%的份额，汇聚了华米科技、金山软件、龙芯中科、四维图新等一批高新技术企业。2023年"中国声谷"营业收入超过2000亿元。

除了智能语音，"中国声谷"在量子信息产业领域也有所建树。这里先后培育出国盾量子、本源量子、国仪量子三家独角兽企业。这三家领军企业也是由中科大的三位院士创办的,其中,国盾量子还是国内量子第一股。此外,"中国声谷"还集聚了中电信量子、国科量子、云玺量子、机数量子等头部企业。截至目前,共聚集量子企业41家,其中量子核心企业13家、规上企业3家、上市企业1家、独角兽企业3家。初步形成了涵盖量子通信、量子测量、量子计算、量子关键元器件的产业链条。

时任中科大校长包信和院士在2024年全国两会的发言中说:"安徽一直有这样一句话:怎么支持中科大都不为过。我们真是非常感动,也是备感鼓舞和(受到)鞭策。在这里我也想说,中科大怎么回报安徽也都不为多。"

三次"豪赌",合肥聚齐三大产业巨头

如果说接纳中科大是合肥"赌性"的觉醒,那么"压注"京东方就是合肥产业风投的起点。

2025年"6·18"购物节期间,随意打开一款购物软件,万元内已经能够买到一台配置不错的98寸液晶电视,而42寸电视的价格仅需千元。时间倒退到2006年,TCL推出42K73系列液晶电视,售价高达9999元,而这还是首次有品牌的42寸液晶电视价格降到万元内。20年间,几乎所有物价都在上涨,电视价格为何大幅下降?这就要从京东方的故事说起。

20年前,中国大陆还没有高世代液晶面板产线,日韩和台

湾企业垄断了全球90%的产能，并通过"晶体会议"协商作价，联合操纵市场。

为了突破技术封锁，TCL、创维、康佳等国内头部电视厂商们发起"聚龙计划"，想要在深圳建设一条6代以上的生产线。这一计划也得到了深圳方面的支持，于是他们拉上由北京电子管厂改制而来、生产小型液晶显示屏的京东方，和深圳市国资委下属的深超科技投资有限公司共同出资成立"聚龙光电"公司。2006年10月，《深圳晚报》曾报道称，"聚龙计划"确定将上马第6代大型液晶面板线，并争取2008年投产。

消息一出，日本电视机企业夏普闻讯而动，向深圳提出建设7.5代线的想法。当时相比日韩企业的技术实力，京东方如同一个"草台班子"，所以深圳政府动摇了，"聚龙计划"由此瓦解。谁料夏普却在不久后毁约，转向了南京。

退出"聚龙计划"后，京东方开始与上海广电信息公司开展合作，不料再次遭遇夏普"截胡"。

转折出现在2008年，时任合肥市委书记的孙金龙亲自带队拜访京东方，向其抛出合作的橄榄枝。为了让二次"受伤"的京东方放心，合肥方面不仅承诺不会受外资企业干扰，后来也果然拒绝了前来游说的夏普，还答应京东方政府会出资60亿元，同时承诺在企业社会融资不顺利时，兜底出资90亿元。这是什么概念呢？2008年合肥财政预算收入301亿元，归属地方仅161

亿元，建设一条投资175亿元的6代线几乎是押上了所有家底。

合肥之所以如此"大方"，跟当地的产业结构有关。此前，合肥虽然是全国最大的家电产业基地之一，但只有白电产业群，冰箱、洗衣机和空调的上下游产业配套率达60%—70%，而彩电配套率仅30%，主要障碍就在于显示屏生产。

2010年，京东方合肥6代线正式投产。至此，日本、韩国、中国台湾三方统治新型显示产业的时代终结，中国大尺寸液晶面板不再依赖进口。而在京东方的带动下，维信诺、视涯科技、全色光显、康宁、彩虹、欣奕华等一大批显示领域相关企业相继落户合肥，合肥也因此成为中国光电显示产业的中心之一，完成了"从沙子到整机"全产业链布局。

总的来看，这一阶段合肥的"赌"主要还是基于原有产业基础上的完善和提升。而随着"押注"京东方大获成功，属于合肥模式的"产业风投"正式起飞。这一次，合肥把目光瞄准了集成电路产业。

之所以选择集成电路，也跟合肥的产业基础有关。靠着京东方入驻后面板显示产业的崛起，合肥的"四大件"（空调、彩电、洗衣机和冰箱）总产量连续多年高居全国城市首位，对芯片的需求陡增，加之又遇上智能家电转型浪潮，这些都给集成电路产业发展提供了极佳的市场土壤。

2013年，合肥率先提出打造"中国IC之都"，并出台《合肥市集成电路产业发展规划（2013—2020年）》，提出"应用、特色、创新"思路，结合自身的产业基础，规划集成电路全产业链布局。这一规划，甚至比国家层面的《国家集成电路产业发展推进纲要》还要早一年。

此后几年，合肥先后引进、投资多家芯片企业，比如引进芯片设计企业君正科技，搭建集成电路产业链起点；为了配套新型显示产业，以合肥国资方和台湾力晶科技共组公司的方式引入晶合12英寸晶圆制造项目；建成合肥通富生产基地，成立合肥新汇成微电子，满足芯片封装测试需求；创立为半导体行业提供先进智能装备制造系统、精密模具等产品的大华半导体；培育后来成为"国产光刻第一股"的芯碁微装……

2016年，合肥与兆易创新合资成立长鑫存储，专攻存储芯片。通过地方国资平台（如合肥产投、合肥建投）牵头，联合国家大基金、社会资本，合肥市政府总共为其提供了超2000亿元的持续资金支持，这是安徽省单体投资最大的工业项目，也是国内最大规模的半导体投资之一。

如果说"压注"京东方是合肥的"豪赌"，那么投资长鑫存储，就是从国家产业战略层面出发，合肥的一次"必赌之局"。

动态随机存取存储器（DRAM）是最常见的系统内存，广泛用于个人电脑、手机、服务器等领域，是集成电路产业产值占比最大的单一芯片品类。从2016年第二季度开始，存储器价格一路飙升。据世界半导体贸易统计协会数据，2017年全球存储器市场规模达到1240亿美元，同比增长61.5%，成为集成电路最大细分领域，市场份额30.1%。这意味着，只要能够分到一块小蛋糕，长鑫存储的市场空间就将不可估量。

但在存储芯片领域，不仅存在高技术门槛，还屹立着韩国三星、韩国SK海力士、美国美光科技三大巨头（合计市占率超过95%）。长鑫存储面对的，是技术和市场的双重重压。可即使失败，集成电路产业长久以来的技术和市场瓶颈，合肥也必须尽最大努力尝试突破。幸运的是，合肥这一次又"赌"赢了。

2019年，长鑫存储在世界制造业大会上正式宣布投产，与国际主流DRAM产品同步的10纳米级第一代8Gb DDR4亮相，合肥站上了全球存储芯片的舞台。这可以说是中国集成电路产业里程碑事件。2021年，长鑫存储推出17纳米级工艺芯片，并成功量产LPDDR4X等产品。合肥"芯"也从巨头的替代品转型为中高端自研产品。作为国内唯一实现DRAM芯片全流程自主化的企业，长鑫存储DDR4、LPDDR5等产品填补了国内空白，也对三大巨头的国际垄断造成冲击。

长鑫存储的成功为合肥带来了肉眼可见的产业推动力，不仅创造就业岗位超1万个，还与中科大微电子学院、合肥工业大学共建人才培养基地，持续输送专业人才，推动合肥成为国家"存储芯片创新中心"。

2013年时，合肥的集成电路产业产值还不足30亿元，相关企业仅13家。到2023年，合肥半导体产业规模已突破800亿元，集聚企业458家，构建起了从设计、制造、封装测试、装备材料，到公共服务平台的完整产业链生态，实现"合肥芯-合肥产-合肥用"。从"后进玩家"到"后来居上"，合肥的集成电路产业跃迁，只用了十年。

更重要的是，过去这十年，合肥并不是只"赌"对了集成电路这一条赛道，另一个被合肥"赌"对的领域则是新能源汽车。

"十四五"期间，合肥官方在概括本地重点产业时经常会提到一个词——"芯屏汽合"。其中的"芯"指集成电路产业，"屏"指新型显示产业，"汽"指新能源汽车产业。不过此前，官方表述是"芯屏器合"，这里的"器"指装备制造。从"器"到"汽"，一字之变，既是合肥地标产业的变化，也足见新能源汽车产业对合肥的重要意义。

和京东方、长鑫存储属于填补空白产业不同，合肥的汽车产业已有近60年历史。1968年，安徽的第一辆汽车就诞生于江淮汽车的前身巢湖汽车配件厂。从此，江淮汽车走上了整车制造的道路，也拉开了合肥汽车工业史的序幕。在之后的岁月里，除了诞生安凯汽车这样的本土车企，长安、奇瑞等也先后在合肥建厂，共同成为合肥乃至安徽汽车工业的中坚力量。

但从全国范围来看，合肥的汽车产业在燃油车时代并不算突出，直到新能源汽车的出现。

合肥在新能源汽车领域的探索较早。早在2014年国务院办公厅印发《关于加快新能源汽车推广应用的指导意见》之前，合肥已经是全国首批"节能与新能源汽车试点城市"、全国私人购买新能源汽车补贴试点城市。2010年，江淮首批591辆纯电动轿车在合肥示范运行，更是开启了中国纯电动汽车产业化先河。但真正让合肥在新能源汽车领域占据一席之地的，则是"下注"对蔚来的"输血"。

合肥和蔚来的缘分最早可追溯到2016年，那年4月，江淮汽车与蔚来汽车达成战略合作协议，为合肥引入了高端智能电动车制造能力。但到了四年后的2020年，蔚来汽车已处于风雨飘摇之中。

一方面，蔚来引以为傲的高昂研发投入，以及"免费质保、免费换电"等互联网级用户服务，带来了过高的成本负担。另一方面，新车交付数量远低预期——2020年交付量仅为4.37万辆，根本达不到新能源汽车行业年销30万辆的盈亏生死线，又让成本无法摊薄。

这些都导致蔚来的亏损面持续扩大，账面现金萎缩至仅剩8.63亿元，资金链濒临断裂。反映至资本市场上，蔚来股价从2018年9月上市时13.8美元一股，一路跌至1美元一股左右，市值从高峰期时119亿美元蒸发至只剩20.6亿美元。面对存亡危机，创始人李斌一口气跑了全国18个城市，都没有得到想要的回复。直至来到第19个城市——合肥，局面才终于逆转。

2020年4月，合肥建投、国投招商、安徽省高新投组成的合肥战略投资者与蔚来汽车签署协议，向蔚来中国投资70亿元，持股24.1%。

此时的合肥，早已不是当初倾家荡产"豪赌"京东方的那个"寒酸"省会。在产业风投方面，合肥有了充沛的资金底气。经过市场磨砺，合肥对待招商引资的企业和项目也具备了更加精准的眼光。之所以选择蔚来，是经过专业调研的。合肥政府认为，蔚来前期的亏损主要是管理成本的问题，技术实力和团队能力依然还在，值得投资。更为关键的是，以市场化资本运作拯救蔚来这样的优质企业，如果能使其成功翻盘，除了投资回报，还能通过链主企业撬动万亿产业集群，完成城市能级跃迁。这笔账，合肥算得非常清楚。

所以在协议中，合肥明确表达了自己的要求，那就是产业链落地。根据协议，蔚来必须要把中国总部放在合肥经开区，建立总部管理、研发、销售服务、供应链制造一体化基地，并将其在中国的核心业务及资产投入蔚来中国。

靠着这笔"救命钱"，蔚来果然起死回生。到第二年年初，蔚来股价就从注资时的几美元一股涨至66美元一股，彻底摆脱破产危机。

但这70亿元只是开始，合肥对蔚来的支持，是一套涵盖土地、政策、产业生态、基础设施及技术赋能的全方面体系。其中包括合肥经开区以市价五分之一（约800元一平方米）出让2000亩工业用地，绑定蔚来五年内实现30万辆产能目标；联合规划新桥智能电动汽车产业园，集成研发、制造、测试全链条，规划年产能100万辆；开放全省高速公路服务区资源，让蔚来得以布局52座高速换电站，实现"9纵9横19大城市群"贯通；2024年9月，合肥三家国资机构再次投资蔚来33亿元，累计投资额超百亿元；支持蔚来供应商，以及初创零部件配套企业落地合肥，为蔚来带来就近配套，降低整车制造成本……结果合肥再一次赚得盆满钵满。

从2020年8月开始，李斌分三次以总计105亿元回购了合肥国资所持有的13.33%股份。更重要的是，蔚来不仅带动了本地零部件企业的发展，还吸引来大批外地相关企业入驻，进一步完善了合肥新能源汽车零部件产业链。在此基础上，合肥接连引入比亚迪、大众、长安等整车企业，以及华为尊界等明星项目，实现了外资巨头、央企造车、造车新势力、地方自主品牌、华为生态圈等多种造车形式"全满贯"。

2024年，合肥新能源汽车产量达到137.6万辆，仅次于深圳，排名全国第二；汽车及零部件产业增加值同比增长38.5%，在其带动下，合肥全市规上工业增加值同比增长14.8%。合肥，真的"赢麻了"。

合肥，到底"赌"来了什么

一系列的成功风投，到底为合肥带来了什么呢？直观看，带来了新型显示、集成电路、新能源等前沿产业链。它们对合肥有着重大意义。不同于南京这类具备地缘优势的城市，他们的产业发展可以遵循进化规律，一步一个脚印，合肥原先的产业基础太过薄弱。如果没有合肥政府的大胆招引，敢"赌"敢投，光凭自身实力，白手起家，恐怕很难在短短20年间培育出如此众多的新兴产业集群。

而正是靠着这些新兴产业，合肥经济在过去这些年实现了跨越式的发展。2000年，"县城级"省会城市合肥GDP仅为324.73亿元，位列全国第82位，在长三角根本排不上号。到了2024年，合肥GDP已经达到13507.69亿元，位列全国第19位，增速更是在GDP前20强城市中与福州并列第一。

如果我们以十年为观察周期，来对比当下几个热门城市，合肥的进步可以用"恐怖"来形容。2014—2024年，南京的GDP全国排名从第11位上升1位，至第10位；杭州、成都则各上升两位，分别从第10位升至第8位，第9位升至第7位。那么合肥呢？这一时期它的GDP增长了161.9%，全国排名从第31位一跃升至第19位,超过了西安、佛山等副省级省会和工业强市,上升幅度在所有GDP万亿城市中高居第二,堪称黑马城市。

除了产业腾飞和经济显著增长,合肥在一次次的风投中"赌"来的,还有"人"。

一直以来,紧邻安徽的南京被戏称为"徽京"。很多与南京接壤的安徽城市,如滁州、马鞍山等地的民众,无论是子女教育、家人就医、购物消费,第一选择都是去南京。安徽城市与南京的这种文化认同和经济依赖关系,让作为省会的合肥颇为尴尬,但也无可奈何,毕竟两者实力相差太大。

不过随着合肥的飞速发展,南京对安徽的单向"虹吸"局面已经被打破。合肥不仅拥有了属于自己的"合肥都市圈",而且正在成为安徽省乃至长三角的人口新增长极。2024年,合肥常住人口比上一年增长14.9万,高居全国第三。其中机械增长(净流入)13.1万人,占比接近九成。

大量安徽在外务工人员回流合肥的结果,直接导致其与南京的人口总量出现逆转。2000年时,南京常住人口614.85万,而合肥只有446.59万,合肥人口是南京的72.6%。2020年,合肥人口首次反超南京。到了2024年,合肥常住人口已经达到1000.2万,成为全国第18座千万人口城市,第16座"双万城市"(万亿GDP、千万人口)。

如今的合肥,已经能和南京共享"徽京"的头衔,并平等地开展产业协作。就在2024年，合肥还与南京签署了《宁合"双城记"产业对接合作协议》，明确两地将"建立常态化会商机制，沟通协调产业合作过程中的重大事项，持续开展两市产业融合对接活动，推动重点产业发展载体进行深度协作"。

合肥的成功再次表明，在城市产业经济发展方面"选择大于努力"。只要选择正确路径并系统推进，出身"寒门"的城市也有机会鲤鱼跃龙门，实现跨越式发展。

当然成功的选择背后，离不开超前眼光和专业的技能，这样才能在概念阶段挑选到潜力企业和项目，抢占别人还未看到的未来产业风口，实现产业跃升。比如合肥就建立了一支懂产业、懂资本的专业团队，并且通过科学决策流程，如尽职调查、专家论证等，确保投资项目的可行性。

还有一点非常重要，就是容错空间。合肥深知，人不可能不犯错，城市产业发展也是，只有给足包容度才能让政府人员大胆引进项目，让更多企业敢于大展宏图。为此当地又建立了种子基金风险容忍机制，允许基金出现最高不超过50%的亏损，超出部分，以相关基金管理机构所分的奖励资金为限进行弥补。

可以说，正是靠着胆大和心细，"地狱开局"的合肥才能够一路打怪升级，最终坐上长三角副中心城市的宝座。如此传奇经历，环顾全国，也是不多见的。

03
无锡：地级市"天花板"的产业秘诀

如果说南京、合肥和杭州是中国省会城市的优秀代表，那么无锡则是当之无愧的地级市"天花板"。2025年第一季度，无锡GDP达到了3789.21亿元，位列全国第14名，地级市第二；人均GDP达50489元，仅次于超一线城市北京和上海，闯入全国前三，地级市第一。

从GDP总量来看，苏州似乎才是"第一地级市"。不过苏州的情况有些特殊，一方面，苏州与上海地理相连、地铁相通，两者某种意义上是"前店后厂"的一体关系，比如世界知识产权组织发布的《2024年全球创新指数报告》里，就把"上海-苏州"作为一个科技集群整体；另一方面，苏州的一把手长期高配，苏州工业园区更是中国和新加坡两国政府推动的重要合作项目，这使得苏州所能获得的资源远高于一般地级市。

更重要的是，苏州是常住人口超千万的大城市，而直到2024年年末，无锡人口才刚刚达到750.50万人。事实上，无锡是全国GDP前20强城市中常住人口最少的，而这反过来成就了无锡作为中国大中城市中人均GDP前三的辉煌。所以某种意义上，无锡才是真正的"中国地级市天花板"。

从地理区位来看，无锡地处长三角几何中心，濒太湖、临长江，是集江、湖、河、海联运优势于一体的交通枢纽。但放眼整个长三角，具备如此区位优势的城市并不只有一个无锡，为什么偏偏无锡的经济发展一骑绝尘，甚至超过很多省会城市呢？作为曾经常州府下辖的一个县，无锡是如何在相对稳定的区域格局中逆势而上升格为地级市的？回顾无锡百年产业变迁史，又有哪些值得后人借鉴和学习的地方？

民族工商业发源地

清光绪二十一年（1895），杨宗濂、杨宗瀚兄弟在家乡无锡创办业勤机器纱厂，厂名取自古训"业精于勤荒于嬉"。次年冬，业勤机器纱厂正式开工投产，无锡人听到了来自东门外运河边兴隆桥畔的隆隆轰鸣声，此刻他们可能还没有意识到，一个时代正式开始了。这一年，后来被称为"锡商元年"。

此时的中国，刚刚经历了甲午战争的惨败，国家积贫积弱，振兴实业迫在眉睫。但在列强的经济侵略和内部腐化加剧下，官办资本已然不堪托付。戊戌变法之后，清政府也放宽了对民间工商业的限制，历史洪流推动下，无锡的民族工商业者登上了时代舞台，业勤纱厂就是无锡的第一家民族资本工厂，无锡也成为了中国民族工商业的发源地之一。

业勤纱厂的产量和质量远高于传统土法生产，产品畅销常州、江阴、靖江、常熟一带，一度供不应求，纱厂也因此获利颇丰。《北华捷报》记录了当时业勤纱厂的经营情况："该厂虽然昼夜开工，对于常州府和苏州府的各个乡镇对该厂的需要，尚无法全部供应。……这个纱厂的盛况是少有的，在富有效率的经营之下，该厂股息最少将为25%。"创立十年间，业勤纱厂蒸蒸日上，到了清光绪三十二年（1906），全厂纱锭达到13832枚，产品也增加了12支和16支纱，男女工人增至1400人，全厂日夜产纱一万余磅，纱厂年盈利达50余万两，高出原有资本一倍。

当时，有一位钱庄的年轻人经常来到业勤纱厂账房送款，见到纱厂盈利丰厚，不禁露出羡慕之情——这位年轻人名叫荣德生，他和哥哥荣宗敬，也就是名扬海外的无锡荣氏家族第一代掌门人。无锡民族工商业在发展过程中逐步形成杨、周、薛、荣、唐程、唐蔡六大家族，荣氏家族则作为无锡名门望族的最突出代表，深刻反映了锡商的精神特质，也被后人称为中国版"洛克菲勒"家族。

清光绪二十六年（1900），因开设钱庄拿到第一桶金的荣氏兄弟与他人合伙在无锡西门梁溪河畔的太保墩创办保兴面粉厂，但与业勤纱厂相比，保兴面粉厂的经营就没有那么一帆风顺了。

从厂房动工开始，保兴面粉厂就受到地方乡绅的打压，开工后，又遭遇"毒面粉"谣言，面粉即使降价也鲜有人问津。虽然通过一系列努力，保兴面粉厂逐渐打开了局面，进入沪苏浙市场，但产量有限、生产成本居高不下，利润依旧微薄，大股东朱仲甫的撤股更是让面粉厂雪上加霜。这个时候，荣氏兄弟却选择增加投资，并将其改名为"茂新面粉厂"。

清光绪三十年（1904），日俄战争在东北爆发，面粉在东三省的需求陡然增加，荣氏兄弟毅然添置英国钢磨六部，并改建了厂房，茂新面粉厂的生产能力迅速提升。沪宁铁路锡沪段通车后，茂新面粉厂的销路得以进一步拓展，迎来转机。

也是在这一年，周舜卿在无锡周新镇创办裕昌丝厂，这是无锡最早的机器缫丝厂。又过了一年，在洽谈业务时目睹业勤纱厂盛况的荣氏兄弟创办了无锡第二家机器纺织厂——振新纱厂。民国八年（1919），已从振新纱厂退股，并在上海接连创办申新一厂、申新二厂的荣氏兄弟在无锡创办申新三厂，即无锡申新第三纺织厂。

申新三厂创建的前几年，爆发了第一次世界大战，洋货在中国市场骤然减少，棉纱价格猛涨。当时，荣德生认为"可放手做纱、粉，必需品也"。这一想法或许代表了当时无锡实业家们的蓬勃野心，棉纺织厂、缫丝厂、面粉加工厂如雨后春笋在当地兴起，无锡也形成了以棉纺织业、缫丝业、面粉加工业为主的工业城市雏形。

抗日战争爆发前，无锡已具备纺织、缫丝、染织、针织、面粉、碾米、榨油、铁工、砖瓦、石粉、化学、造纸、化妆品、糖果等20个工业门类，拥有大大小小315家工厂，6.3万名产业工人，年产值7726万元。据1937年国民政府军事委员会《中国工业调查报告》统计，无锡在全国六个主要工业城市（上海、天津、武汉、广州、青岛、无锡）中，工业产值仅次于上海、广州，居第三位；资本总额居第五位。当时全国民族资本每百元年产值为286元，六个主要城市平均为386元，而无锡为549元，工业生产水平处全国领先地位。

无锡工商业的迅猛发展引起了国内外的广泛关注，外文媒体《密勒氏评论报》甚至把无锡比作美国工业重镇匹兹堡，并在《无锡——中国匹兹堡》一文中大篇幅全面报道了无锡工业发展状况，配发的无锡工业地图标出了31家企业和厂家的位置，涵盖了棉纺、面粉、缫丝等产业。

无锡更为人熟知的称号，也是无锡产业的重要注脚，是"小上海"。民国四年（1915），《新无锡》"锡铎"栏目刊发署名文章称："无锡人所称小上海者也，市尘稠密，工厂林立，几几有土满之患。各商店之限于地点位置者，分散于东西南北四隅，与城中无一气贯注之势，识者病焉。"这是媒体首次将无锡称作"小上海"。茂新面粉厂、业勤纱厂等民族工业崛起，让无锡形成了与上海相似的工商业生态，100年前就成为全国第三工商业城市的绝对实力，则给了无锡担当"小上海"之名的底气。无锡产业受益于上海，又走出了一条不同于上海的独特道路。后来，有不少城市也被冠以"小上海"的名号，但就产业联系和上海人的认同程度来看，"小上海"是独属无锡的。

凭借强大的工业实力，1949年4月24日，也就是无锡解放次日，军管会便宣布析无锡县城区及近郊置无锡市，无锡市成为江苏第一个省辖市和苏南行政公署驻地。相比1953年才建市、1958年又被降为地区辖市、1962年才重新成为省辖市的苏州、常州，无锡那时在苏南的政治经济地位明显高出一截。这一点，从苏B的车牌归属上也能看出。

新中国成立后，无锡经济进入了一个新的发展阶段，建立起社会主义性质的国有经济，同时组建发展合作经济。至1956年，无锡市批准公私合营的工商企业达到2182户，其中，工业819户、商业697户、交通运输业368户、手工造船业298户。计划经济时期的无锡，延续了近代民族工商业的基因，轻工业产值占全国重要份额。也是在这一时期，社队工业开始孕育，为改革开放后无锡成为乡镇企业的发源地，以及"苏南模式"的应运而生埋下了伏笔。

"苏南模式"诞生地

如果说安徽省凤阳县小岗村是中国农村改革的发源地，那么原无锡县堰桥乡就是中国乡镇企业的"小岗村",是全国乡镇企业改革的起点,也是"苏南模式"的诞生地。

1984年4月13日,《人民日报》头版报眼位置刊发《堰桥乡镇企业全面改革一年见效》一文,点赞了无锡县堰桥乡的改革成果。见报当天,中央人民广播电台在早间新闻联播中播出全文。江苏无锡堰桥乡"一包三改"开始受到全国各地的广泛关注。

"一包三改"是"苏南模式"的关键制度创新,其中"一包"指实行经济承包责任制,"三改"是改干部"任免制"为"选聘制",改工人"固定录用制"为"合同制",改"固定工资制"为"浮动工资制"。这一改革方案的第一个试点,是堰桥服装厂。

此前,堰桥公社已经有了社办工厂,却普遍存在吃大锅饭、端铁饭碗、工人生产积极性不高等问题。于是堰桥公社党委借鉴农业改革的成功经验,在工厂经营中引入厂长承包责任制,规模较小的堰桥服装厂成了第一个吃螃蟹的企业。原本只是一个裁剪师傅的杨汉斌在立下"工人一个不减,上交一分不少,工资上涨30%"的承诺后竞选成为新厂长。

上任后,杨汉斌对工人实行"定额计件制""质量检验奖罚制"等一系列新措施、新办法。没想到,承包仅一个多月,堰桥服装厂完成产值15722元,实现利润490元,工人工资增加一倍，企业首次扭亏为盈。"一包三改"第一个试点成功。

有了成功经验，改革在堰桥全乡、无锡县，乃至江苏省全面推广。在改革之前的20多年里，无锡县乡镇工业产值累计才21亿元，而"一包三改"之后的十年，累计就达到了462亿元，是改革前的22倍。

乡镇企业的异军突起，是"中国农民的伟大创造"，是中国农村继家庭联产承包责任制以后的第二次重大变革。20世纪90年代中后期，乡镇工业企业加快经济增长方式的转变，全面进入产权制度改革和结构调整，一批乡镇企业成功转制上市，比如江苏红豆、阳光、双良、凯诺科技、三房巷、澄星化工、江南模塑、四环生物、申龙科技、长电科技、天奇物流、霞客环保、华西村、远东电缆、申达集团，成为无锡经济的重要组成部分。

伴随着乡镇经济的蓬勃发展，无锡的政治地位也得以提升。历史上，无锡一直是常州府下辖的县。新中国成立后无锡市虽然成为省辖市，但面积狭小，而广大的无锡县则长期属于苏州专区。但是在1983年江苏省进行的撤地建市浪潮中，原属苏州地区的无锡县、江阴县与原属镇江地区的宜兴县被划归无锡市管辖，"大无锡"的格局最终形成，成为江苏省11个地级市之一。

值得一提的是，长三角尤其江南部分的历史行政区划是相对比较稳固的。近代以来，江南地区由县升级为（地级）市的城市仅有两座，一个是舟山，另一个就是无锡。不同之处在于，舟山升市，主要出于国防考虑，经济上，舟山至今仍只是一个强县的规模。而无锡经济不仅反超了常州，并且成长为全国GDP排名第二的地级市。

从近代工商业发源，到乡镇企业异军突起，无锡一直是全国县域经济发展的执牛耳者。1992年，无锡在首届中国农村综合实力百强县评比中位列榜首。为表彰无锡在县域经济发展中的标杆作用，1995年撤无锡县、设锡山市[*]时，国家统计局、中国农村评价中心还特别授予无锡县"华夏第一县"称号。

虽然伴随城市化进程，作为郊县的无锡县被陆续拆分为惠山区、锡山区，并入了无锡市区，退出了百强县的竞争，但"华夏第一县"的接力棒并没有旁落，而是交到了由无锡市代管的江阴市手里。直到进入21世纪后，才被顺德，特别是台商汇聚、被称为"小台北"的昆山取代。2002年顺德撤市设区后，昆山、江阴便是百强县的两大龙头，20多年你追我赶、紧咬不放。2004年，江阴GDP达5126.13亿元，成为继昆山后第二个GDP超过5000亿元的县级市，比肩甚至超过全国众多省会城市。

---

[*] 锡山市于2000年被撤销，并被分为锡山区和惠山区。

在县域经济的作用下，无锡发展一路高歌猛进，GDP从1978年改革开放之初的区区24.93亿元，到1987年突破百亿元，1998年突破千亿元，2017年进入万亿GDP城市行列。其间，无锡在全国的GDP排名一度冲至第八位，超越南京、杭州等众多省会城市。而这背后，是无锡强大的产业实力在发挥作用。

无锡的产业蝶变

2007年5月29日，是无锡人永远难忘的日子。这一天，太湖蓝藻事件暴发，导致无锡全城自来水污染，超200万居民饮水困难。超市、商店里的桶装水被抢购一空。国内外各大媒体轮番报道，无锡成了众矢之的。

太湖蓝藻事件，也成为无锡产业发展史上的分水岭。事件暴发之前，作为"苏南模式"的核心城市，无锡在长三角是绝对的领跑者，GDP排名长期领先于南京。2006年，无锡以3300亿元的GDP，位列全国第九，比杭州只差140.99亿。经济高速发展的另一面，是六成的第二产业占比，作为中国制造业最具竞争力城市之一，当时的无锡仍以纺织、钢铁、化工等传统工业为主导产业。

事件暴发后，无锡深刻认识到过去依赖高耗能、高污染产业的传统制造业发展模式已经不可取。为了城市的可持续发展，无锡停下了狂奔的步伐，几乎是以壮士断腕的决心开启产业转型。当时，中国城市正在大范围开展"退二进三"，无锡却意识到，第三产业的发展，不应建立在牺牲第二产业的基础上，故而选择了"腾笼换鸟"的方式，淘汰落后产能，转向高端制造业。

说到高端制造业，就不得不提无锡的集成电路产业。无锡是中国集成电路产业起步最早的城市之一，其源头可追溯到20世纪90年代。彼时无锡华晶电子承担了国家908工程，率先在国内建成了一条月产1.2万片、6英寸芯片生产线，成为国家微电子工业南方基地。虽然受时代和企业体制影响，908工程未能收获预期的经济效益，但在项目建设过程中，培养了大批专业人才，这些人才后来成了中国集成电路产业发展的中坚力量。同时，在与全球市场的交手中，无锡完成了对集成电路产业的深度探索，成了中国集成电路产业的重要基地，为后续的产业发展奠定了坚实的基础。

依托历史积累与政策引导，在面临产业转型升级需求时，无锡将集成电路产业定位为"腾笼换鸟"的核心方向。

如今长三角工业芯谷所在的锡山经济技术开发区，原为无锡传统工业集聚地，以机械制造、金属加工等产业为主，2010年前后因产业能效低下、用地粗放被列为"腾笼换鸟"重点区域，换来的"鸟"就是集成电路。在政府引导下，锡山经开区启动集成电路产业规划，进行低效用地整合，建设长三角工业芯谷。截至2024年6月，长三角工业芯谷累计淘汰落后产能企业32家，引入安普瑞斯（车规级芯片）、邑文电子（刻蚀设备）等128家产业链企业，形成"装备研发-零部件制造-整机集成"的完整生态。

长三角工业芯谷正是无锡在蓝藻事件后"腾笼换鸟"、积极进行集成电路产业布局的缩影。进入21世纪以来，无锡相继培育出长电科技（全球第三大封测厂商）、华润微（国内垂直整合制造模式龙头企业）、SK海力士（全球存储巨头）等企业，并吸引华虹半导体、中科芯等重大项目落地。2024年，无锡集成电路产业规模突破2500亿元，在全球集成电路百强城市中位列第15，在国内仅次于上海和北京，位列集成电路领域的第一方阵。产品设计达到5纳米，工艺制造达到16纳米，综合实力位居全国第二，成为芯片产业高地。

当然，"腾笼换鸟"的过程并非一帆风顺，无锡的产业升级路线也不是从一开始就确定的。2007—2016年，无锡市累计关停企业3070家，搬迁入园企业5480家，建成循环经济试点企业164家，否决和劝退不符合环境要求的拟建项目2000多个。这直接导致无锡规上工业总产值增幅一度陷入停滞，连续六年在江苏垫底。2015年，无锡市第二产业产值首次被第三产业超过，传统产业收缩导致经济增长失速，无锡GDP排名从全国第9位下滑至第14位。"新的动能没有培育起来，旧的动能在快速消亡，无锡经济一度出现错位和脱节。"无锡政府领导曾经这样评价无锡的产业转型矛盾。

就在这样的阵痛中，无锡敏锐抓住了一些现在看来十分关键的产业风口，比如物联网。

2008年，相比势头正盛的互联网经济，物联网产业还在传感网的萌芽阶段，是一个未经开垦的无人区，但无锡已经看到了其中暗藏的发展空间，并开始争取机会。次年，国务院批准无锡建设全国唯一的国家传感网创新示范区，拉开了中国物联网发展的序幕。这是无锡在物联网领域发展的起点，为其后续申办国际级博览会奠定了权威性基础。

通过连续举办世界物联网博览会（前身为中国国际物联网博览会），无锡在全球的影响力逐步提升，人才、资本、技术等要素加速集聚，吸引西门子、微软、阿斯利康等海外企业先后落地。通过将物联网的细分领域及应用场景与地方发展相互连接，无锡物联网逐渐构建起以高新区（新吴区）为核心、滨湖区和梁溪区为重点，专业园区和特色小镇为一体的"一核两翼多元"空间格局。

2023年，无锡物联网产业规模达4511.6亿元，同比增长13.2%，全国排行前列；全市物联网企业超3500家，覆盖信息感知、传输组网、计算存储、应用处理产业完整链条，以智能传感器、车联网、工业互联网"一感两网"加速构建特色细分赛道的产业布局。作为全国物联网的首航之城，无锡已建成物联网领域唯一的国家级先进制造业集群，是名副其实的"中国物联网之都"。

回头来看，太湖蓝藻事件，推动了无锡进行规模化产业升级转型。不过，无锡在高新技术产业领域的布局其实很早就开始了。2000年，无锡市政府已经在探索"硅谷模式"，通过建立政府主导型的风险投资基金，扶持起拉动本地经济起飞的高科技企业。2001年，施正荣在无锡市政府支持下成立尚德电力，引入澳大利亚光伏技术，成为国内首个规模化生产晶体硅太阳能电池的企业，打破国内光伏产业空白。

随着尚德冲进全球光伏电池制造企业前三强，并于2005年在纽交所上市，无锡的光伏产业也开始以惊人的速度发展外溢，推动中国光伏完成国产化。尚德破产后，无锡的光伏产业并未止步，而是主动迈向产业链中高端。根据第一财经的数据，2000年前后至2012年，无锡的光伏专利技术被引用超3.8万次，技术外溢至国内每一个省份，共计376个城市，对中国地级以上城市的覆盖率接近90%。

物联网、光伏只是无锡产业"腾笼换鸟"的一个缩影，21世纪以来，通过产业结构调整和绿色转型，无锡逐渐形成了"传统产业升级＋新兴赛道崛起"的协同发展格局。2021年年末，无锡首次提出"465"现代产业体系：物联网、集成电路、生物医药、软件与信息技术服务作为四个地标产业集群，高端装备、高端纺织服装、节能环保、特色新材料、新能源、汽车及零部件（含新能源汽车）作为六个优势产业集群，人工智能和元宇宙、量子科技、第三代半导体、氢能和储能、深海装备为五个未来产业。

受益于"465"产业体系带来的优渥土壤，无锡又开始在新的蓝海赛道布局冲刺，那就是低空经济。

其实，早在这一波低空经济热潮之前十几年，无锡就开始了在低空飞行领域的布局。2013年11月，无锡市交通产业集团有限公司、无锡产业发展集团有限公司与德国道尼尔家族的Aviador控股有限公司合资成立道尼尔海翼有限公司，主营海星水陆两栖飞机的设计、生产、销售及支持。2017年，无锡就已开始谋划布局低空经济，并颁布了全国首个民用无人机管理地方政府规章《无锡市民用无人驾驶航空器管理办法》。

基于高端装备制造产业形成的硬件基础，以及物联网、集成电路等技术赋能，加之新材料与高端装备协同创新，无锡的低空经济产业得以迅速发展。截至2025年3月，无锡已经集聚172家低空产业链企业，覆盖整机制造、核心零部件、飞行控制、新材料、检测服务等全链条环节。2024年无锡低空经济及相关产业总产值突破120亿元。到2026年，无锡低空经济产值预计将突破300亿元，到2035年力争达到2000亿元。

2024年被称为"低空经济元年","低空经济"首次被写入中央政府工作报告。继新能源汽车之后，低空经济成为又一片各方争夺的产业新赛道，而无锡，再一次抢占到了高地。

可以看出，无锡的产业发展模式，是像滚雪球一样，旧产业不断升级，新产业在旧产业升级的同时衍生而来。2024年，无锡规上工业营收为2.7万亿元，位列全国第九。无锡，仍然是一个工业城市，但今天无锡的工业，已经和以往大不相同，不仅早已脱离对传统重工业的依赖，更在高端制造业和未来产业占有一席之地。

同时，还应该看到，无锡的产业升级，离不开本地企业的持续成长。2024年，第六批国家级专精特新"小巨人"企业名单公布，无锡以112家高居全国第七，超过广州、成都、武汉等一众工业强省省会；前六批累计上榜346家，数量位居江苏第二，全国第十；无锡累计培育省级专精特新中小企业1760家，位列全省第二。在这中间，民营企业具有绝对占比，民营经济一直是无锡产业发展的主旋律。

普通城市的"突围样板"

在长三角的璀璨城市群中，无锡是一个独特的存在。作为普通地级市，它既没有苏州毗邻上海的"前店后厂"区位优势，也不像南京、杭州拥有省会或副省级城市的政策红利；既没有宁波、舟山的深水港口资源，又缺少中科大、浙大这类顶尖高校的智力支撑。然而，这座"先天禀赋平庸"的城市，2025年却以全国第12名的GDP、人均GDP超21万元的成绩，跻身"万亿俱乐部"前列，成为地级市的发展天花板。无锡，靠的是什么？

靠无锡人。

无锡从近代至今的产业跃升，离不开无锡人骨子里的"闯劲"。不管是无锡杨氏家族、荣氏家族等奋力开展的实业救国，还是改革开放以后无锡农民开创的"苏南模式"，再到太湖蓝藻事件后无锡的产业转型，无锡人在不同的历史发展阶段，始终以"敢为天下先"的闯劲在破局。

不光无锡本地人有着敢闯敢干的劲头，无锡还吸引着许多想干事、干实事的外地人来到无锡，闯出一片天地。

比如，带领无锡尚德成为中国最大的光伏企业，成功上市纽交所的前中国首富施正荣，他和无锡的故事，一度被看成是海归科学家和地方政府携手创业的标本。施正荣本是江苏扬中人，早年师从"太阳能之父"马丁·格林教授，博士期间就获得过10余项发明专利，成为全球光伏领域的技术权威。2000年，他带着技术来到无锡创业，无锡市政府出资650万美元作为启动资本，在政策、技术、市场等方面也给予支持。施正荣于是联合八家国企融资600万美元成立尚德电力，开启中国光伏产业化序幕。

这个故事的结局虽然不够圆满,但施正荣和尚德对无锡产业的影响直到今天仍在持续。无锡因此被贴上了"中国光伏摇篮"的标签,并吸引来协鑫、中建材等企业落户,形成千亿级光伏产业集群。

无锡能够成为地级市发展天花板,另外一个重要的原因,是政府侧在产业政策方面的定力。

过去20多年,中国的产业风向经历过至少三次转变。2000年左右流行"退二进三",当时很多地方觉得第二产业傻大笨粗,而第三产业光鲜时髦,所以争相做大第三产业。进入21世纪10年代,互联网产业成为风口,大家又都纷纷转型线上。直到最近这些年,受国际国内局势的影响,制造业才又重新开始被重视。在这一波三折过程中,不少曾经的工业强市为了"赶时髦"自废武功,第二产业比重急速下降。而无锡却始终如一重视制造业,第二产业比重一直维持在45%以上。

2015年,无锡还曾正式提出"产业强市"战略。2018年,无锡又首次进行市级层面的产业集群顶层设计,选出16个先进制造业集群作为重点发展对象。其中就包括为后来的低空经济提供产业基础的特钢、高分子材料、电子新材料、电子元器件等产业,尚未形成集群效应,但拥有巨大潜力的产业:5G产业、人工智能、石墨烯、增材制造也进入重点培育的备选名单。

2021年，无锡首次提出"465"产业体系。到2023年，已有10个产业集群规模超千亿元，当年工业经济对无锡全市GDP增长贡献率达56%，创十年来最高。

正是因为坚持"产业强市"的路线，从近代工商业发源至今，无锡的产业进化才能环环相扣。与杭州的"互联网经济"、合肥的"风投招商"不同，无锡选择了一条"立足制造、链式升级"的路径。

无锡对产业的争抢，并不是无脑跟风，而是基于原有的制造业优势，比如物联网产业的发展是建立在集成电路产业的底层技术支撑上的，低空经济产业则是得益于物联网和集成电路产业的协同发展，以及高端制造业的深厚积累。从这个角度来看，无锡的产业发展逻辑与南京有些相似，不同的是，南京作为省会城市，产业受高层级主导，享受到的政策红利和资源都更加丰富，而无锡基本是"自力更生"，充分发挥民营经济的活力。

这里还要提到无锡非常聪明的一点，是善于利用外界资源。

虽然通过自身努力，无锡先后成为县域经济、地级市发展"领头羊"，但对于这样一个非直辖、非省会、非计单的普通地级市，要想进一步突破发展天花板，必须适时"抱大腿"，上海就是无锡身边最粗的那条大腿。

从近代开始，上海就成为培育无锡实业家的摇篮，除了上文提到的荣氏兄弟、周舜新，还有"福新后主"王禹卿、"呢绒大王"陈梅芳、"桐油大王"沈瑞洲、"电池灯泡大王"丁熊照……都是先在上海做学徒，而后回乡创业。曾有人对民国时期上海的实业家做过统计，名录里近800位实业家竟有137位是无锡人，足见上海对无锡产业人才的贡献。

到了乡镇经济时代，无锡首创的"苏南模式"孕育发展过程中，涌现出一个特殊的群体，那就是"星期日工程师"。

20世纪七八十年代，无锡乡镇企业正在"三缺"（缺技术、缺设备、缺市场）困境中摸索出路。彼时无锡县43万乡镇企业职工中，技术人员占比不足2%，于是就有了向上海等城市"借"工程师的做法，这些技术人员星期六下乡，星期日帮助乡镇企业工作，星期一又回原单位上班，成为乡镇企业低成本攻克技术难关的一支"别动队"，所以被称为"星期日工程师"。当时的"星期日工程师"，按每个乡镇30—50人计，无锡全县35个乡镇超过1000人。

无锡的中国乡镇企业博物馆里，陈列着一张潜水泵电动机设计图，它是上海人民电机厂工程师沈焕和在20世纪80年代初为无锡县玉祁一家村办企业设计绘制的。

21世纪以来，"星期日工程师"在新时代被赋予了新的内涵，"小上海"无锡与上海的产业合作关系，也变得更加多元。

比如，在集成电路产业上，无锡与上海形成了"上海研发＋无锡制造"的产业链协同。华虹无锡集成电路研发和制造基地一期于2019年在无锡正式投产，17个月建成投片，36个月实现月投片4万片目标。这是华虹集团走出上海、布局全国的第一个制造业项目，也是无锡主动对接上海、深度融入长三角一体化发展的实际行动。

除了企业间协同，无锡还积极与上海高校开展深度合作。2021年，无锡市与上海交通大学签署深化全面合作协议，明确在人才培养、科研创新、成果转化等领域深化合作。后来，"上海交通大学溥渊未来技术学院锡山实践基地"揭牌，在车联网、新能源等产业领域为学生提供企业实践、科研转化平台，标志着校地合作进入实体化运作阶段。

从"小上海"，到"大无锡"，无锡走出了一条艰难但坚实的产业道路，它的故事，相比南京、合肥这样的省会城市，上海、北京这样的大都市，杭州这样的"网红"城市，或许能够给更多"普通城市"信心和参考。

2025年除夕夜，无锡作为春晚分会场与全国观众见面，如果你仔细观察，会发现这场春晚中暗藏的无锡产业元素：孕育出"米市""布码头"的古运河中，工业大船的地屏上，激光秀联动船体影像，组成超级计算机数据链、芯片电路、智能制造流水线的复杂编程以及物联网万物互联的通路。春晚幕后，还有太湖之光超算力虚拟大船、无人机编队提供的算力支持，国家数字电影产业园提供的舞台特效技术。一时间,无锡产业的历史与现在交织汇聚。"独携天上小团月,来试人间第二泉。"无锡产业的未来又将如何发展?值得期待。

04
义乌:低线城市的"逆袭"神话

本章前面几节,我们分析了南京、合肥和无锡。这些城市或是省际及区域中心城市,或地处长三角地理中心位置。和它们相比,义乌无论是政治地位、区位交通,还是产业底蕴、经济基础,都要低出好几个层级。

过去,它是浙江中部的一个贫困县;直至今天,也只是金华市代管的一个县级市。但就是这样一座"出身"低微,没有先天"家底"依靠,也没有后天资源倾斜的低线城市,却靠着鸡毛换糖、针头线脑、明信片、圣诞装饰、美国大选周边……走上了一条迥异于多数国内城市的"兴商建市"之路。

如今的义乌,不仅是浙江省唯一一个GDP超过所在金华市市本级的县,还是全国四个跻身Ⅱ型大城市的县之一。2024年,义乌人均GDP(按户籍人口算)达到27.16万元,人均可支配收入88048元,超过北京、广州、深圳等一线城市,仅略低于上海（88366元）。

经济数据只是义乌经验中最浅显的表达，站上全球商业舞台的义乌，不仅国际影响力远超很多大城市，更是研究中国城市创新的独特样本。以"世界超市"闻名的中国义乌国际商贸城，汇聚了210万种商品，销往230多个国家和地区，日均快递发件量超3000万件，日均人流量超20万人次，市场成交额连续20多年居全国专业市场榜首。"义乌·中国小商品指数"定期向全球发布，成为全球小商品贸易的"风向标"和定价话语权的重要依据。

值得关注的是，义乌早已不是那个只能做小商品的义乌。通过"以商促工"，义乌不仅实现了制造业产业链的完善和升级，也开拓了智能光伏、新能源汽车、半导体等战略性新兴产业版图。这些高新产业与经过数字化、智能化改造的纺织服装、日用品等义乌传统优势产业相互融合，构成了极具辨识度的"4＋X"现代产业体系——小商品的茂密森林，成功嫁接上了高新技术的新枝。

小小的义乌是如何实现翻身"逆袭"神话的？对于广大深陷人口流失、产业凋敝泥淖的低线城市来说，义乌的案例，将为拓展中国城市的创新路径带来哪些启示？

"兴商建市"助力贫困县翻身致富

把时间回拨到四五十年前,义乌人还在温饱线上挣扎求生。

众所周知,浙江素有"七山一水二分田"之称,土地资源短缺,而义乌的条件就更差了。它地处金衢盆地东部,三面环山,地形崎岖、地块零碎,是典型的资源匮乏型农业县。

恶劣的自然条件逼着义乌人不得不另寻他路,他们发现,家乡的黄红壤虽不适合农作物生长,但盛产甘蔗,于是用甘蔗熬出的红糖来换取鸡毛等废品,以获取微利,这便是后来大名鼎鼎的"鸡毛换糖"。而手摇拨浪鼓、肩挑担子、走街串巷的"敲糖帮",则成了义乌最早的"商人"。

改革开放后,"鸡毛换糖"逐渐发展成小百货交易,"敲糖帮"自发组织了义乌廿三里集市。起初,主要交易兽皮、鸡毛、猪鬃、鸡内金、破铜烂铁针线、纽扣、松紧带;后来,电影剧照、明信片、万年历等越来越多商品出现在集市上。廿三里集市也因此成为义乌小商品市场的雏形,很多人在这里赚到了第一桶金。

当时有位叫何海美的商贩,通过售卖《红楼梦》剧照,足足攒下了5万元存款。要知道,那可是"万元户"都罕见的20世纪80年代,5万元堪称"巨富"。

不过,那个时候做生意可不是什么正大光明的事,而是

"投机倒把",小商贩们也被叫作"刁民奸商"。政策不明朗,导致没有固定的交易场所,流动摊贩们经常被驱赶、没收物品,有关部门又觉得小摊贩屡禁不止,成了难题。

矛盾纠结中,义乌发展史上的一个关键人物出现了,他就是谢高华。1982年5月,衢州人谢高华调任义乌县委书记。在了解了商贩们的真实诉求并深入调研后,谢高华冒着触碰"大是大非"高压线的风险,同意开放湖清门小百货市场。在人均月工资只有三四十块钱的时候,湖清门小百货市场年租金2000元的摊位几天就被抢空,义乌人的经商热情可见一斑。

为了推动市场开放,当年11月,在义乌县农村专业户、重点户代表大会上,谢高华提出"四个允许":允许农民经商、允许从事长途贩运、允许开放城乡市场、允许多渠道竞争,明确了开放市场的态度和政策。同时,为了让市场经营更加有序,谢高华还进行了"税改",将计算复杂的八级累进算法计税方式改为简单明了的定额计征。这一举措提高了征税效率,地方税收收入创下历史最高纪录。

当时,谢高华深受日本"贸易立国"战略的启发,1984年,在他的建议下,义乌提出"兴商建县"(后改为"兴商建市")发展战略,明确将商贸作为本地的主导产业,奠定了义乌的产业基调。

到1986年,搬迁至城中路边的义乌小商品市场规模进一步扩大，占地4.4万平方米，设固定摊位4096个，临时摊位1000多个，年成交额超亿元。五年后的1991年，义乌小商品市场成交额突破10亿元。仅仅又过了三年，成交额再上一个台阶，突破百亿大关。市场也在1992年被国家工商行政管理局正式命名为"中国小商品城"。

经过20世纪90年代的快速发展，义乌逐渐形成了跨区域、连城乡的商品集散中心和层次结构分明的小商品市场体系，确立了在全国专业市场中的龙头地位。这一时期，义乌商贩们从最开始的内贸，发展到将商品销往黑龙江、新疆、云南等边疆地区，外贸生意也随之兴起。

2001年，随着中国加入世界贸易组织，义乌也开始了国际化进程，在德国、日本等多个国家设立办事处。次年，义乌小商品城集团登陆A股，义乌国际商贸城一期建成，成为当时全球最大的小商品市场。

世纪之交，对义乌来说，还发生了一件大事，那就是阿里巴巴在杭州成立。阿里巴巴成立次年，公司的销售人员就进驻义乌市场，义乌也因此成为阿里巴巴向外扩张的第一站。后来，阿里巴巴又在义乌设立了总部之外的第一个地区联络点，阿里巴巴直销团队也将外贸B2B的模式带到了义乌。

当依赖传统渠道的实体生意遭遇平台算法，新的平台让义乌商人的生意链路发生了颠覆性的变化。以往，他们需要带着商品参加展会，吸引客户采购。有了线上平台，他们可以主动出击，在互联网发布商品信息，捕捉订单。一部分敢于吃螃蟹的网商在义乌率先成长起来，这意味着义乌的生意可以拓展到更多的地方。依托电商，义乌走向世界，这个成长于小城市井的"马路市场"，开始成为支撑全球人消费需求的"世界超市"。

阿里巴巴的入驻与电商模式的创新，不仅破解了外贸壁垒，还催生了"淘宝村"等新经济形态的萌芽。2005年，义乌的国际贸易额首次超过国内贸易额。同年8月，义乌中国小商品城被联合国、世界银行等权威机构确认为"全球最大的小商品批发市场"，常驻外商达8000多人，境外企业登记设立的办事处（代表处）近600家。2006年10月22日，商务部和义乌市政府召开新闻发布会，正式向全球发布"义乌·中国小商品指数"。外贸与电商的协同效应，使义乌成为"中国制造"走向世界的桥头堡，也为后续跨境电商爆发奠定了基础。

随着义乌自身的成长，更高层级的力量也不断助推。2011年，国务院批复义乌国际贸易综合改革试点，首创"市场采购贸易方式"，解决小商品出口报关难题，从顶层政策出发拉动义乌出口增长。2024年，义乌的电商交易额达到4924亿元，其中跨境电商交易额达1401亿元，占总交易额的近三成。

如今的义乌，已经是全球商业版图中不可或缺的一块。"没有义乌美国人连圣诞节都过不了",这不是一句玩笑话,是其国际地位最真实的写照。

小商品市场给义乌带来了什么

从"鸡毛换糖"到闻名全国的小商品市场,再到"世界超市",商贸崛起带给义乌的首先是经济的高速增长。改革开放之初,义乌全县GDP还不到2亿元,一度是金华地区最落后的贫困县,各项指标均属全省下游。但是短短十几年后,到中央提出要建立社会主义市场经济体制的1992年,义乌GDP便已有27.5亿元;2015年,义乌GDP突破千亿元大关。2024年,义乌GDP突破2500亿元,高居全国百强县第七位;GDP名义增速高达21.8%,在全国千亿县中增速排名第一,成为浙江乃至中国县域经济的标杆。

经济上的飞速发展也推动了义乌城市能级与地位的提升。自1988年5月撤县设市,开启城市化进程后,虽然义乌的行政级别一直停留在县级市,但在浙江省内,义乌经常被视为第12座"地级市"。这是因为2006年浙江省委、省政府在第四轮强县扩权改革中,将义乌列为唯一试点,赋予其与地级市同等的经济社会管理权限,形成省级行政计划中"11个地级市+义乌"的特殊格局。

浙江省在分配土地指标、金融资源、发展规划时,都会将义乌单列，使其直接对接省级部门，无须经金华市审批。所以常常看到浙江省级下发的文件写着："各市及义乌市"，明确其独立地位。另外，义乌还是唯一拥有国际机场、高铁站、环城高架的县级市，这样的高标准交通配套，别说是县级市，就连很多地级市也没有。

与此同时，义乌的人口数量持续增长，人口结构发生明显变化。与很多三四线城市及县城人口逐年外流、人口老龄化形成鲜明对比的是，义乌的户籍人口增长率连续八年保持在2%以上，2024年接产新生儿20459人，同比增长22%。而其常住人口则在2005—2024年的20年间，从不足百万人增长到191.8万人，占金华全市常住人口的26.6%，比金华市本级多了40来万。

除了外来人口多，义乌还有一个与众不同的标签，那就是人口国际化。2024年，义乌外来人口约143.3万，其中外国人达到30余万，相当于每6个人中就有1个外国人，国际化程度不输一线城市。

义乌汇聚了来自全球100多国的商人，在义乌街头，你会不时看到来自不同国家的各色面孔，他们完全融入了本地的生活，骑着极具中国小城特色的电动车，穿梭在义乌的大街小巷，手拿中国品牌的手机，身着"Made in China"的运动服，很多还操着一口流利的普通话。

这些外国商人不只是来义乌工作的，还以家庭为单位，在这里安居落户。义乌的外国商人们白天在义乌商贸城砍价谈生意,席地而坐计算货款,晚上拖家带口出现在义乌的夜市地摊,吃着义乌"正宗"土耳其烤肉,买十元钱一双的人字拖。外国人的大量涌入,让义乌逐渐形成了中东、非洲等特色聚居区,幼儿园外籍学生占比近半,义乌由此也被称为"小联合国"。

受此影响,义乌的城市风貌也变得别具一格。阿拉伯语、英语、俄语……义乌的公交站牌、商铺招牌、餐馆菜单等普遍采用多国语言标识,满足外国人生活需求的全球进口产品超市、土耳其餐厅、印度咖啡馆等,形成了极具国际化特色的城市街区。所以有人说,长三角最国际化的城市其实不是"魔都"上海,而是义乌,也是有道理的。

义乌的转型与破局

虽然义乌成就斐然,但商业世界从来不只有"阳光雨露"。从"鸡毛换糖"到"全球超市",义乌虽然逃出了贫困沼泽,但拿到的并不是完美的"逆袭"剧本,其中有无数的困难和挑战。

比如2008年的国际金融危机,直接导致欧美日等主要出口市场需求骤降,义乌部分行业订单缩减50%以上。当年11月,"义乌·中国小商品指数"中的景气指数跌至1035.82点,创2006年以来的新低,市场短期悲观情绪蔓延。危机中,义乌积极寻求转型。一方面,义乌加速开拓内需市场,并扩大市场的电商化程度。到2011年,已经有近一半的义乌商户开通电商业务,淘宝网交易额达120亿元。另一方面,金融危机倒逼义乌逐渐降低对欧美市场的依赖,转而拓展中东、非洲、拉美和东南亚等地区和国家市场,外贸业务对象呈现多元化趋势。

外贸出口的多元化,给义乌经济带来了新的增长点,但也让义乌被新困局裹挟着,那就是物流问题。彼时义乌商品出海主要有两种方式:一是通过汽车就近运至宁波港或上海港,再走海运出国,这种方式时效性差,轻则影响货物送达时间,重则造成货物损坏;二是通过公路或铁路运至新疆边境口岸,再出关,这种方式会产生高昂的运费,导致利润被物流成本侵占。

所以,寻求更高效、低成本的物流通道,对义乌来说势在必行。但作为内陆县级市,当时的义乌连铁路海关监管场站都没有,缺乏开通国际联运班列的最基础条件。好在2011年,国际贸易综合改革试点的获批,赋予义乌外贸制度创新权;2013年,"一带一路"倡议的提出,又为义乌打通欧亚陆路通道提供了政策东风。

多方努力下,2014年11月18日,首列"义新欧"专列从义乌出发,经新疆阿拉山口口岸出境,途经哈萨克斯坦、俄罗斯、白俄罗斯、波兰、德国、法国,历时21天,行程13052千米,最终抵达西班牙首都马德里。相比海运,铁路更快,到港时间平均节省10—20天；而相比空运，铁路成本更低，能节约50%—60%。"义新欧"开通后，义乌与欧洲间贸易周期明显缩短。到2025年6月，"义新欧"班列线路增至25条，辐射欧亚大陆50多个国家。

在资源禀赋缺失的困境下，义乌以市场倒逼改革、以民营活力激活制度创新，将地理劣势转化为陆港枢纽优势，可以说，"义新欧"班列正是义乌"无中生有"精神的具象化体现。这种精神在义乌丰富城市形象、打造旅游目的地的过程中同样得到了充分展现。

相比浙江其他文旅县市，义乌的传统旅游资源并不丰富，所以旅游产业一直是义乌的短板。但依托全球最大小商品城，义乌硬是搭上了旅游产业这趟快车。早在2000年前后，义乌就开始了"购物+旅游"的尝试，提出"打造全球最大超市，建设国际购物天堂"的义乌旅游发展思路。为了配合购物旅游，义乌在规划配套方面做了诸多努力，比如特设购物旅游"推荐商位"、建设中国小商品城旅游购物中心、增设购物旅游车辆免费专停区和双语导视牌等配套服务，还出台了对旅行社的奖励办法，许多旅行社把到义乌购物作为一条理想的旅游线路来推荐。

2005年12月22日，国家旅游局发布文件正式授予义乌国际商贸城"国家AAAA级旅游景区"称号。这是全国首个以购物旅游为主题的AAAA级景区，打破了传统景区以自然风光或人文古迹为主的模式。"市场即景区"的创新模式获得国家级认可,直接推动义乌从商贸城市向"购物旅游目的地"转型。2016年,义乌再次被国家旅游局授予"中国国际商务旅游目的地"称号,这是全国第一个经创建并获批的"中国国际特色旅游目的地"。

如今的义乌,已经不仅是一个掘金之地,更是时下流行的"扫货式旅游"目的地。打开社交平台,搜索"义乌",你会惊讶地发现,大家不仅在这里寻找货源、拓展生意、发展副业,还会把它当作热门旅游城市,讨论火热程度甚至超过很多旅游城市。2024年国庆假期,义乌接待外来游客233万人次,同比增长高达79.12%。铁路义乌站日均发送旅客3.72万人,在全国最受游客欢迎的县域旅游目的地中,位列第二。

义乌旅游的崛起,印证了县域文旅的另一种可能——没有顶级资源,亦可凭借产业根基与精准运营,在"性价比"和"新鲜感"的时代需求中开辟蓝海。

从制造到智造,义乌的产业跃升

与繁荣的商贸产业形成对比的是,工业一直以来都是义乌的短板。浙江省内的大多数实力比较强的县市,都拥有特色工业。比如,慈溪的小家电、余姚的汽车零部件、东阳的木雕、永康的五金……义乌却没有什么拿得出手的。但渐渐地,商贸上的繁荣让义乌的工业发展也步入快车道。

事实上，早在义乌小商品市场起步的几乎同时，当地政府就明确提出"以商促工"的发展战略，并且依托交易市场掀起了经商办厂的热潮，形成了最早的"前摊后厂"模式。这一模式后来发展为"前店后企""前专业市场后产业园区"模式。当时，义乌还涌现了不少"专业村"，即专门加工某类小商品的村。比如，第一个"头花"专业村郑山头村，塑料玩具加工专业村如甫村，"中国衬衫之乡"大陈镇等。这些村镇成就了义乌最早的产业集群。

到21世纪初，义乌就已培育了1.2万家工业企业，形成了拉链、袜业、服装、饰品、制笔、化妆品、玩具、印刷等20多个有影响力的小商品制造产业群。市场带动了上下游配套产业，如包装材料、物流设备等，形成"原材料—生产—销售—物流"的完整链条。

这样的产业形态能够暂时满足义乌的小商品贸易需求，但也存在类别多、分布杂、附加值低的弊端，产品长期竞争力有限。义乌的产业链加速完善，而政府方面则顺势启动"品牌强市"战略，每年投入3亿元扶持企业研发，推动义乌工业从"低价代工"向"品牌经济"转型。在此期间，义乌诞生了许多本土品牌，比较知名的有：浪莎、梦娜、王斌相框、双童吸管、华鸿画家居等。

与此同时，义乌也迎来了从"制造"向"智造"的产业变革。截至2024年，义乌已推动948家规上工业企业的数字化水平达到1.0及以上，率先实现规上工业企业数字化改造全覆盖目标。

当然，义乌的"以商促工、贸工联动"没有只停留在小商品制造领域，还延伸到许多新兴产业。

早在2012年前后，义乌便瞅准时机推出"义商回归"工程，吸引大批在外义乌商人回乡投资。2016年，首个"义商回归"项目——华灿光电落户义乌苏溪镇工业园区，不仅填补了义乌在LED产业链上的空白，成为当地光伏与光电产业的起点，也为义乌制造业带来了新的发展机遇。此后几年间，爱旭新能源、东方日升、天合光能、晶澳科技等光伏行业头部企业纷纷落户义乌。到2023年年底，义乌的光伏产业规上产值已超过800亿元。

2014年起，义乌开始探索新能源汽车产业，与吉利集团签约落地首个超百亿项目，打下了汽车制造的基础。此后，义乌陆续迎来了锋锐发动机项目、义利动力总成项目、义乌吉利发动机项目、DHT专用混动变速器项目、新能源整车项目、高端新能源汽车项目，以及欣旺达动力电池生产基地项目。目前，义乌已经形成集整车、零部件、电池系统、自动驾驶智能视觉一体机等制造于一体的新能源汽车产业基础。

在与智能终端息息相关的半导体产业，义乌也做了纵深布局并初获成效。2021年，由义乌产业投资发展集团有限公司联合半导体行业龙头韦尔股份旗下上市公司共同出资，义乌成立总规模100亿元的半导体产业母基金。同年，占地约39亩的义乌芯片产业园投入使用。背靠产业基金，义乌先后引进瞻芯、芯能、安测、创豪等近20个项目，协议总投资近300亿元，并有多家企业入驻产业园。2023年年初，投资达百亿的高端芯片及智能终端项目在义乌启动开工。

信息光电、新能源汽车及零部件、高端芯片及智能终端、医疗健康四大新兴产业，叠加纺织服装、时尚日用品、印刷包装、化妆品等传统优势产业链，义乌形成极具辨识度的"4＋X"产业体系。2024年，义乌规上工业总产值增长至1378亿元，其中战略性新兴产业产值达579亿元，占规上工业总产值的42.02%，产业结构显著优化。

回顾改革开放以来义乌的城市发展，从"鸡毛换糖"到"全球超市"，再到"以商促工""智能制造"，其经历堪称"励志"。而义乌的成功，既离不开政府坚持"兴商建市"的战略主线，也和义乌商人，或者说浙江商人"无中生有"的突破精神密不可分。而义乌经验，对于广大无区位优势、无资源禀赋、无政策倾斜，又不得不面对人工智能、数字化、全球化浪潮以及人口流失、老龄化冲击的三四线城市和县城来说，或许不可直接复制，但具备参考意义。

  但也应该看到，义乌的产业转型远未完成，其未来发展也面临不少难题，比如线上商贸对线下商城的冲击，加之浙江整体正在从县域经济向都市经济转型，作为县城的义乌，会否遭遇发展天花板？未来，义乌又该如何在立足本地特色的同时，发展完整可持续的产业生态？能否巧妙应对风云变幻的世界贸易格局？我们期待，带着商贸基因的义乌，能继续为世界书写中国县域经济故事。

尾　声

2016年9月4日，G20杭州峰会在美丽的西子湖畔隆重举行。为期两天的峰会中，21位G20成员领导人、8位嘉宾国领导人、7位国际组织负责人密集开展双边和多边外交活动，最终达成29项成果协议，收获了历次G20峰会最丰富的成果。

作为中国首个举办G20峰会的城市，杭州也因此为国际社会所熟知。在此之前，外国媒体在报道杭州时常常需要补充介绍一句——"（杭州是位于）上海以西100多千米外的一座美丽城市"。而G20峰会后，杭州终于拥有了自己的国际知名度。

回溯历史，杭州的"国际梦"一直可追溯到70多年前。1954年，参加完瑞士日内瓦会议回国的周恩来，嘱咐时任杭州市委书记的王平夷，要把杭州建设成为"东方日内瓦"。在此后的半个多世纪里，成为"东方日内瓦"一直是杭州的城市梦想和努力方向，直至2008年。

当时执掌杭州市政的是王平夷的儿子王国平。那年5月，王国平率领杭州市县两级党政干部、民营企业老总前往迪拜考察学习。回来后提出，杭州的新目标是要成为"东方迪拜"。

事实上，成为"东方××"不只是杭州曾经的梦想，过去很长一段时期内，"东方巴黎""东方莫斯科""东方马德里""东方芝加哥"，曾是国内很多地方引以为傲的城市名片。但最近十多年，这类说法逐渐淡出公众视野，取而代之是"我就是我，是不一样的烟火"的自信。而这背后，是国民经济和科技实力的飞速发展。

杭州"三剑客"

1990年北京举办亚运会时，全中国的GDP不到2万亿元。等到2023年杭州举办亚运会时，杭州一个市的GDP就达到2.006万亿元，比当年全国的GDP还高。难怪有人调侃，当初北京举办亚运会需要举全国之力，而如今仅靠杭州自己就绰绰有余。

杭州是怎么做到的，我们已经从城市沿革、企业案例、创新得失等角度进行了较为全面的梳理分析。应该说，过去这几十年，伴随产业的持续迭代，杭州的综合实力已经得到了跨越式的发展，从一座具有典型东方特质的风景旅游城市进化为可以和硅谷、班加罗尔等同台比拼的世界级科创新城，拥有了竞争中国"第五城"，进军一线城市队伍，改"北上广深"为"北上深杭"的能力。

但这些显然还远不是杭州努力的终点，杭州未来的目标是参与全球产业博弈和科技分工。而在这方面，杭州已经积累了不错的基础。

根据浙大发布的《2020全球金融科技发展报告》，早在2020年前，杭州已经是技术驱动型的全球金融科技中心，迈入了全球金融科技城市第一梯队，拥有世界级金融科技巨头蚂蚁集团在内的十多家高融资未上市企业，融资总额超230亿美元，居全球首位。

又比如新华三集团和中国信息通信研究院联合发布的《中国城市数字经济指数蓝皮书（2021）》，在评估了全国242个城市的数字经济发展现状后，给出的数字经济指数平均得分为53.4分。其中杭州和上海、深圳、北京、成都、广州六座城市达到数字经济一线城市标准，平均得分为90.3分，数字经济发展水平遥遥领先。

再比如《2024年全球创新指数报告》百强科技创新集群榜单中，杭州通过不断加强海外知识产权布局、抢占海外市场，凭借国际专利申请量领先优势，以单个城市作为独立科技集群连续三年排名全球百强科技创新集群第14位。

其中，汇聚了海康威视、大华科技、宇树科技、零跑汽车、吉利、正泰等科技大厂和359家国家高新技术企业（截至2024

年8月的数据)的杭州滨江区西兴街道,更是与深圳南山区粤海街道一样,冲在了中美科技竞争的最前线。

而未来,在影响中国国运走向甚至世界科创重心转移的诸多科技赛道,比如基础模型开源方面,以杭州为代表的越来越多的中国城市也将是重要的参与者甚至引领者。

事实上,中国的基础模型开源旋风已持续数月。2025年4月初,杭州"六小龙"之一的深度求索联合清华发布关于推理时Scaling的新研究论文,外界纷纷推测距离DeepSeek-R2的发布或许近了。这家开年后以开源模型名声大振的创业公司有个外号——"真正的Open AI"。DeepSeek-V3和DeepSeek-R1两大模型在开源社区GitHub的点赞数发布不到两个月就超越了OpenAI的明星项目Whisper。

DeepSeek能拥有如此大的影响力,除了模型不俗的表现和更低的成本,还在于它的开源姿态。它开源了最先进的模型,采取的MIT开源协议[*]是应用许可最宽松的协议之一,详细公布了技术原理,并持续释放出从计算、通信、存储到系统架构等各个层面的优化工具。

无独有偶,国内另一家开源巨头阿里云的口碑也已破圈。文生视频模型万相2.1(Wan2.1)在发布六天后,抱抱脸(Hugging

---

[*] 诞生于美国麻省理工学院。

Face）及魔搭社区的总下载量就超百万次。同时，截至2025年2月底，整个通义千问系列模型的下载量达到1.8亿次，累计衍生模型总数9万个，超越海外开源大模型鼻祖Meta的Llama系列，成为全球第一大开源模型系列。

之后，阿里巴巴又先后于3月发布了QwQ-32B模型，4月发布了被外界誉为2025年上半年最重要的模型Qwen3。

此外，国内的大模型公司阶跃星辰、稀宇科技（MiniMax）、智谱、百度等也接连发布开源成果。在人工智能最关键的战场，中国正崛起为一支不可忽视的开源力量。

开源的动作不局限在产业界。在科学创新中，中国的新型研发机构也在积极响应由联合国教科文组织193个国家一致通过的《开放科学建议书》，包括数据共享，开源也是开放科学的重要原则。

从2024年开始，位于杭州的之江实验室便在全球范围内邀请公测地学基础模型GeoGPT。GeoGPT在2023年年初发起时就是一个开源项目，2025年4月27日正式面向全球科学界发布，并同步开源模型架构、训练模型的数据列表。未来还将开源包括数据标注技术报告、代码等更多成果，为全球AI4S（AI for Science）领域的创新协作提供助力。

GeoGPT不仅为全球地学研究提供了文献解析、地质图识别及生成、学科知识图谱等强大研究工具。它开放资源的态度也极为彻底，更重要的是由此形成了科学基础模型的系统架构。

可以说，正是因为中国模型的纷纷开源，基础模型竞技场打开了前所未有的信息透明度。更多元的角色有机会加入创新，获得发展权。一个以开源模型为基石的世界创新生态网有望加速形成，就像硅谷形容 DeepSeek 一样，这支开源力量可能也是一份中国"给世界的礼物"。

值得一提的是，杭州在这一波中国开源战略里展现出极强的存在感。新锐创业企业深度求索、科技龙头阿里云和承担国家科技使命的非营利性新型研究机构之江实验室，均来自杭州。它们形成了中国科技创新的"三剑客"，以不同的机制全面呼应这一浪潮，不仅引领杭州未来的产业科技发展方向，也影响中国在全球科技研发竞争中的角色。"三剑客"究竟是继续扮演跟随者，还是成为新一代的引领者、创新的发源地，我们拭目以待。

给世界的礼物

"这不是你们的战场。"

说这话的是大模型浪潮的开启者、OpenAI 的首席执行官山姆·奥特曼。2023 年 6 月 7 日，在环球巡演到达德里时，耿直的奥特曼给印度人民发展人工智能的热情泼了一盆冷水。

有人问："三名工程师有 1000 万美元，是否可以构建类似 OpenAI 的创新？"山姆·奥特曼非常冷酷地劝退："我们要告诉你，在训练基础模型方面与我们竞争，完全没有希望。你不应该尝试。"

这番言论引发了轩然大波，随即OpenAI以"回答被断章取义"来安抚印度人的愤怒。他们解释称，山姆真正想说的是："用1000万美元与OpenAI竞争是真的行不通。正确的问题是，初创公司应该做些什么以前做不了的事，给世界带来新东西。"

这一风波其实很好地概括了过去两年绝大多数时刻，人工智能全球发展格局和根植于其中的结构性冲突——大模型世界正呈现出硅谷闭源寡头主导的局面，天量资本投入拉高了参与门槛，世界上许多地区和领域无法参与这场创新。

斯坦福大学每年会发布AI Index报告，追踪全球AI发展趋势，2024年报告提及的一系列趋势基本呼应了上述判断：大模型训练成本正以飞快的速度急剧攀升；AI在全球区域发展极度不平衡，美国、欧盟、中国之外，这份报告中看不到其他地域参与者的身影；学术界也渐渐在这场创新中落在后面。

这份报告，让人不胜唏嘘。曾几何时，在很多前沿商业科技领域，中国人也面临着如今印度的尴尬。今天叱咤风云的那些互联网大厂，其主打产品追根溯源基本都"拷贝"自国外的同行。比如新浪模仿雅虎，QQ模仿OICQ[*]，百度模仿谷歌，淘

---

[*] 腾讯于1999年推出的即时通信软件。

宝模仿易贝，微博模仿推特，视频网站模仿YouTube。甚至就连杭州"三剑客"之一的阿里云以及腾讯云等各种云，在发展初期也都借鉴了亚马逊云的一些理念和模式。

不同之处在于，中国的科技企业走的是一条"模仿—追赶—领先"的道路，一步步走上牌桌并最终赢得牌局。这一点在移动通信技术领域体现得尤为明显。

中国的第一代模拟移动通信系统始于1987年，不仅在时间上落后欧美整整十年，而且在技术上也是采用英国全入网通信系统（TACS）制式，如今回想起来，1G时代唯一还能让人记住的就只有那大如砖头的手持终端——"大哥大"了。

1994年7月，2G牌照发放，中国逐渐进入2G时代。这一时期，虽然涌现了大唐、中兴、华为等企业，在全球移动通信系统（GSM）技术研究上开始紧跟国际步伐。但总体上，当时国内的移动通信技术和市场依旧主要依赖外国厂商，核心技术和标准几乎全部被国外掌握。

直到3G时代，伴随大唐主导研发的无线电通信国际标准（TD-SCDMA）被国际电信联盟认可，中国的通信技术终于实现了从无到有的突破，尽管与当时国际主流技术相比仍有差距。

进入4G时代，中国选择了与当时国际市场上普遍采用的欧洲标准不同的TDD技术路线。凭借自主创新和集体努力，由大唐、中国移动、电信研究院等中国企业和机构共同制定的TD-

LTE技术标准成为全球两大主流4G标准之一。与此同时,中国还建设了全球最大规模的4G网络,基站数量达到162万个,4G用户超过5.83亿个。

有了4G时代的技术积累,到了5G时代后,中国技术开始全面领跑。不仅深度参与全球5G标准的制定,在5G新空口(NR)技术、网络切片、海量机器类通信(mMTC)等方面提出了大量技术方案并被采纳,还率先实现5G独立组网(SA)商用,并建起了全球最完整的5G产业链。华为、中兴等设备制造商在全球5G基站设备的市场份额名列前茅,为全球5G网络建设提供了大量高质量设备。

可以说,从1G时代的技术空白,到2G时代的跟踪学习、3G时代的技术突破、4G时代的与国际先进水平并跑,再到5G时代的技术领先,过去30多年,中国的移动通信技术实现了跨越式发展。

这种跨越式发展未来在诸如人工智能大模型等领域,或将再次上演。

事实上,就在山姆·奥特曼断言人工智能不是印度等发展中国家的战场的那个月月底,DeepSeek创始人梁文锋就公开宣告了对这种技术垄断权力的挑战。在接受媒体专访时,这位与山姆·奥特曼同龄的中国年轻人表示:"后边可以把我们的训练结果大部分公开共享……而不是技术只掌握在一部分人和公司手中，形成垄断。"

当时把这个宣言当回事的人很少。一方面，虽然中国在大模型领域加速追赶，世界当时并不认可和奖励来自中国的创新。2023年11月29日，顶着中国电商"头号玩家""中国最大云计算公司"等若干头衔，并且发布了通用模型的阿里巴巴，美股总市值，第一次比不上拼多多。人们还总用前一天去世的芒格老爷子的话调侃："它仍然是一个该死的零售商。"

更何况，DeepSeek是中国大模型创新生态里的边缘角色，当时梁文锋说的很多话也让人心生疑窦。一家脱胎于量化基金的小创业团队，凭什么也要做通用人工智能。靠着好奇心驱使去探索，它怎么活下去？

不要怪普通人辨别不出来DeepSeek的属性。理想主义者一腔热血但没有然后的故事太多了。一个在杭州猎头圈流传的段子是，猎头帮DeepSeek挖人时经常收到一句："谢谢，不考虑，这个赛道没有初创公司的机会。"

可以说，新一波人工智能发展浪潮里，世界都笼罩在一片阴影之下，OpenAI所代表的硅谷闭源模型领先和定义规则，机会不属于其他任何人。

从这个意义上，也许能更好地理解DeepSeek开源并被世界认可的语境——一家在美国之外的企业，性能比肩一线闭源模型，成本却只是同行的几十分之一，以最开放的态度，给了开发者最宽松的许可,在技术堆栈上有非常深度的优化,并且不吝于分享。它对全球的AI开放创新生态价值不言而喻。

就像Meta AI首席科学家杨立昆所言,这是开源的胜利。开源模型从开源汲取力量也会回馈开源运动。比如DeepSeek模型采用的MoE架构[*]就不是新事物,此前欧洲的大模型公司Mistral AI发布的开源模型就采用这一架构。

前所未有的信息透明度,引发了新的开源浪潮。截至2025年2月底,阿里云、阶跃星辰、月之暗面、稀宇科技、商汤、字节跳动、百度等多家中国公司都有开源消息传出。DeepSeek自身也继续加大开源步伐,中国的开源力量在进一步壮大。

此前游戏的"配角"们对开源力量的热情溢于言表。《自然》杂志在一个星期以内发表了五篇文章来关注DeepSeek。印度的技术论坛围绕着DeepSeek热议了一个多月。

在2025年2月中旬举行的巴黎人工智能行动峰会上,DeepSeek也是讨论的热门话题。Mistral AI的联合创始人亚瑟·门施称之为"中国的Mistral",认为它印证了开源的正确性,并给了Mistral AI继续发展的灵感。巴黎人工智能行动峰会上,DeepSeek备受关注。

---

[*] 一种深度学习模型架构,它将模型分解为多个"专家"网络,每个专家负责处理输入数据的一部分。

AI应用热潮也因为这股开源浪潮正迎来爆发。大模型就像电力，让小企业、小团队和科研部门能更方便下载和本地部署，接入到千行百业的场景应用中去。就像硅谷知名风险投资家马克·安德森所说的那样："作为开源模型，它（DeepSeek）是给世界的一份意义深远的礼物。"

这份礼物，又将如何回馈它的诞生地——杭州和中国呢？背后又有哪些值得其他城市和国家借鉴的经验和启示？

基础模型：AI时代的一场团战

2025年2月10日，OpenAI花了1400万美元在全美关注度最高的美国国家橄榄球联盟年度总决赛上做了1分钟广告。该广告采用简洁的点状动画，致敬了人类文明里的一系列里程碑，从早期的火和轮子等工具，到现代的DNA测序和太空探索等突破。大模型最后出场，被OpenAI定义为人类最伟大的创新之一。

这个广告不算夸大其词，因为科技圈公认，ChatGPT除了是一个成功的商品，更是人工智能新时代的召唤师。

英伟达首席执行官黄仁勋称，ChatGPT是人工智能的"iPhone时刻"。这个说法很清晰地解释了GPT基础模型对人工智能产业的改变。iPhone诞生后，手机不再是打电话的工具，而变成了一个入口。之后，移动互联网时代跟着它来了。

类比手机的"iPhone时刻",OpenAI推出ChatGPT后,大众感知到的人工智能也不是上一代的人工智能。而基于Transformer架构的基础模型是这个新时代的策源和驱动。

创新的种子在更早的2017年种下。从不那么正规的论文名字《注意力就是你所需要的一切》（Attention is All You Need），它出自论文作者之一喜爱的披头士乐队，到论文署名时作者的排序随机的，再到论文诞生的过程，八名不同背景和来历的员工在走廊上的偶遇和午餐时不经意的对话和许多灵机一动中创造了新架构——你能看到一切都那么有偶然性。

它带来的深远影响，当下似乎也很难描摹全貌。

ChatGPT是其中的重要瞬间，而高光时刻少不了2024年的诺贝尔奖。物理学奖表彰了杰弗里·辛顿通过人工神经网络实现机器学习的奠基性发明，化学奖名单里则有谷歌旗下DeepMind公司用人工智能来解决蛋白质结构预测的AlphaFold2的发明者。人们意识到，人工智能还在变革科学发现。AlphaFold2就是基于Transformer架构的。

大众察觉不到之处，若干行业在上演的"杀死你的，与你无关"戏码，都与这场变革有着隐秘的联系。以机器人领域为例，由于Transformer架构的新技术路线出现，机器人的核心能力点不再是机器人的机械结构，波士顿动力公司（Boston Dynamics）积累了20年的机械能力优势，在行业转向对机器人大脑和软件算法的追逐中变得毫无意义。有人将这场变革影响总结为"马斯克杀死了波士顿动力",而线索源头则又回到了2017年。

可以说,基础模型已经成为当前人工智能领域最关键的战场。它影响的不只是狭义的人工智能产业,还会颠覆科技创新本身。

阿里云创始人、之江实验室主任王坚博士比喻,基础模型就像文明发展历程里的长江和黄河,有了这两条大河,才有沿着河流繁衍生息的文明和生态。

基础模型的基础性和深远影响,也让围绕着基础模型的竞争,变成了国家和城市在人工智能时代发展权的竞争。参与这场全球竞争的必要性不言而喻,以深度求索、阿里云、之江实验室为代表的中国开源力量对全球科技平权、消除发展鸿沟的价值也更为突出。

如何在这场影响未来国运的关键竞争中获得更大主动?有必要回溯创新在美国的发生过程——从一篇论文到一个影响国家命运的产业育成,背后其实是不同组织形态、不同创新机制的合力结果。它往往诞生于众多偶然中。

种子出自谷歌的八人临时小组,其中不乏天马行空的想法和不同创意碰撞后的化学反应。

之后OpenAI这样一家以反谷歌的名义集结的创业公司接下

了火种。当时山姆·奥特曼和马斯克还在同一个阵营奋斗，他们希望更强大的人工智能不能出自谷歌。

由于不知道投入会产出什么，这件事也没有由已有的大公司来完成，谷歌自己就没能吸收论文的思路抢占先机。甚至在组织形态上也不能完全按照此前的形式，于是非营利性组织OpenAI创立，由马斯克主要投资，它是硅谷风投创新机制之外的物种。

而OpenAI的长成，又不只是创业公司的神迹。背后有2019年与云计算巨头微软秘密接触、为对方量身打造的超级计算基础设施。直到今天OpenAI身后也站着巨头微软。

这一幕是何等的似曾相识。杭州"六小龙"没有一家诞生于科技大厂，造车新势力"蔚小理"也都不是出自知名传统车企，即便是像微信这样的，也是诞生在"腾讯系"的边缘部门。而这恰恰也是"六小龙"现象让人激动，进而看好杭州创新前景、看好中国科技未来的地方。

人们关注的并不是"六小龙"本身有多大，事实上论起企业规模，"六小龙"基本还停留在独角兽阶段。按照第九届万物生长大会上发布的"2025浙江独角兽企业系列榜单"，深度求索、强脑科技、游戏科学、宇树科技等都榜上有名，云深处则上了"未来独角兽企业"榜单，而群核科技甚至都未能上榜。

但这不重要，人们真正感兴趣的是杭州能够诞生"六小龙"的土壤，深度求索、阿里云、之江实验室等杭州"三剑客"又何以能引领全球基础模型的开源时代？

要知道，在海创园，在梦想小镇，在云栖小镇，在杭州的各个角落，数以万计的初创公司和创业团队在蛰伏，在蓄势待发。而在他们背后，既站着地方政府，又有阿里巴巴等大厂、浙大等高校，还有一批像花姐这样的投资人，众多如华旦天使、天使湾创投、普华资本、银杏谷资本这样的风投机构。在他们的共同作用、团队作战下，说不定哪一天又将有一批"小龙""小虎"一飞冲天、一鸣惊人。

而这也提醒所有有志于参与这场战争的城市或国家：科技竞争是一场团战，需要以符合科技竞争和创新发生的逻辑来参与。

从这个意义上看，杭州能够涌现出由梦想驱动的创业公司深度求索、云计算龙头阿里云和非营利属性的新型研发机构之江实验室，无疑吻合了大模型时代多元主体参与的创新逻辑。

而多元主体，不同创新机制构成的"铁三角"、形成的机制互补特性，为中国参与这场基础模型竞争贡献了独特的杭州力量。解析杭州基础模型"三剑客"这一样本，也有利于在这场基础模型战争中走得更远。

创新从哪里来

估计很多人没有留意孕育DeepSeek的母体，幻方的英文名High-Flyer，登录官网就能看到这个词——远大抱负的人。

对于事后想要寻找创新来路的人，这可能是另一个线索。梁文锋自己就说过，要做最难、最正确的事。

它们表达了同样的意思，中国不是印度，没有任何领域任何战场能拒绝中国，中国人要参与全球竞争，中国人要参与全球创新。就像钱学森几十年前的那句反问："中国人为什么不行？"

杭州的"三剑客"，都有这种参与全球竞争、引领世界潮流的眼界和勇气。比如杭州城的另一个开源巨头阿里云，其成立之初瞄准的就是全球云计算产业的竞争，它几乎与硅谷巨头前后脚迈出步伐。

而发布地学开源模型GeoGPT的之江实验室，心里想着的目标则是为全球科学研究提供公共产品。

以上这些角色批量出现在杭州也很好理解，这里市场经济发达，企业实力雄厚，更有条件去参与全球硬核创新。同时，浙江本来就有义乌和淘宝这样链接世界需求的市场与平台，在传统产业竞争变得更激烈的背景下，整个社会更早体悟到要参与全球创新浪潮的必要性。

"信仰者会之前就在这里，之后也在这里。"梁文锋此前认为，可以用这种方式识别AI信仰者。某种程度上，它或许还能解释为什么杭州在这波开源浪潮里得以形成"三剑客"格局。

2009年时，还在读硕士的梁文锋就开始研究GPU计算，探索用模型来给市场定价。由于坚定相信计算可以改变世界，幻方在2021年就早早投资AI算力，这为后来DeepSeek能参与大模型竞争奠定了坚实的基础。

阿里云押注云计算浪潮也是始于2009年，经过多年积累，如今已成为全球云计算市场前四的玩家，并且于2021年就开始了大模型的研发。而承担国家科技使命的之江实验室也在2023年调整规划，聚焦智能计算，构建了智算集群，在最后关键时刻赶上了大模型时代的列车。

在这波浪潮里能站到前列看起来需要点运气，但本质上，球滚到了长期主义者们的脚下。无论是"六小龙"还是我们在第二章提到的那些企业，在他们成功或出圈之前，基本都已在各自领域埋头耕耘了五年、十年甚至更长时间，成为各自细分赛道的头部玩家。他们的故事也再次证明了那句古老的谚语："机遇永远只留给那些有准备的人。"

这波创新者们的另一个有趣特质，则是他们的驱动力很少与商业数据挂钩，甚至充满感性色彩。

灵伴科技的创始人祝铭明和其他几位"高校系"创业者都

表示，自己创业并非单纯为了赚钱，因为此前的工作经历已经使他们实现了财富自由，至少是衣食无忧。而开始创业后，也一直有各类风投机构给他们融资，所以公司也从来就没有缺过钱。这也使得这些创业者并不急着将产品变现，有些甚至放缓To C的步伐，而把更多时间和精力用来打磨产品、完善技术。

在他们的观念里，相比卖货赚钱，这些创业者更在意的是能否实现技术上的突破。他们普遍有个雄心，希望能在各自领域引领世界科技前沿，而不是继续当个追随者、模仿者。而杭州正巧给了他们实现这一技术理想的土壤。

比如专门引进、孵化初创公司，致力于"成为天底下有创业梦想的年轻人起步的摇篮"的余杭区梦想小镇，就非常鼓励创业团队从事能为社会创造增量价值的项目，并以此作为评价项目能否入选创业先锋营、拿到金钥匙、享受相关优惠补助政策的重要衡量标准。在这种"价值观"的影响下，杭州的创业者不但干事热情高涨，而且个个都梦想着改变世界。要是有谁做的是既有模式的现成生意，可能还会被左右邻居取笑。

深度求索虽然不在梦想小镇，其团队的自我期许却完全吻合这一价值观，甚至他还致力于打破国与国、大公司与初创团队之间的技术垄断和技术壁垒。此前梁文锋就曾提及，在颠覆性技术面前，闭源形成的护城河是短暂的。开源发论文其实没有失去什么，价值可以沉淀在团队上，进而形成创新的组织和文化。幻方还在进军通用人工智能的公告中写道："好奇心，是最大的时代精神。"

而肩负国家科技使命的之江实验室，研发团队在打磨GeoGPT时目标就朴素了，他们提出要做出能让自己感到骄傲的产品，为全球的地球科学家服务。

另外，Transformer的发明历程充满了跨领域的碰撞和偶然。论文发布五年后能被大众感知到的ChatGPT才出现——这意味着创新需要生长空隙，才能走到大众面前。

而DeepSeek的发展历程也颇具偶然性，同时这种偶然里又有某种必然。因为只有市场经济发达的地方，才能理解"资本"这种生产要素的重要性；也只有市场经济发达，老百姓手里才有闲钱。

数据显示，2024年杭州市居民人均可支配收入76777元，比上年名义增长4.0%。其中，城镇居民人均可支配收入83356元，农村居民人均可支配收入50805元，在全国排名第六。同期，杭州市人均居民存款达到20.46万元，超过了广州（17.30万元）、深圳（17.31万元）等一线城市，以及鄂尔多斯（17.66万元）等"家里有矿"的城市，仅次于北京和上海，高居全国第三。

另据胡润研究院发布的《2024胡润财富报告》，杭州拥有600万元资产富裕家庭数量有13.46万户、千万元资产高净值家庭5.22万户，两项数据均仅次于北上港深广五大一线城市，排名全国第六。

这么多钱可以投进互联网金融平台，成就杭州成为"中国互联网金融之都"；可以投资创业公司，让杭州成为"天使之城"，也可以流向中国第一家互联网银行或者中国最知名的量化基金。在幻方这种用计算给市场定价的量化操作模式赚到大钱后，大家也不觉得它是异端，这才有了后面的DeepSeek。

其实早在十几年前，类似的剧情就已经在杭州这座城市上演过一遍了。当时云计算的浪潮刚刚开启，杭州和阿里巴巴，就是全国为数不多的重新审视云计算的城市和公司。正是在这种宽容和开放的环境中，这笔十几年前的投资，最终让阿里巴巴和杭州在大模型时代能手握全球前四的云计算公司这张牌。

多年以后有科创行业从业者感慨，杭州是个愿意给"偶然"留出空隙的地方。而这对这一波开源创新浪潮在杭州的涌现至关重要。

掎角之势

这一波人工智能发展浪潮，浙江既不算传统科教重镇，没有高端国际化人才优势，产业链完备程度也不占优势，能成为开源创新的重要节点，以"三剑客"为首的"杭州军团"以不同的创新机制，扮演了不一样的角色。

打响这场开源战争的创业企业深度求索，不是传统的创业企业。

据说，它对自己定义是"披着公司外衣的实验室"。这么说估计是为了强调公司的理想主义色彩、基础模型的研究定位。而阿里云创始人王坚博士则认为，对深度求索更好的定义应该是一家"拿着闲钱搞创新的创业公司"。

二者结合一下，也许能看明白深度求索如何能以不同于一般创业公司的创新机制来引爆这波开源浪潮。

用闲钱创业，让深度求索能做出那个不顾商业模式追问的决定，选择最开放的MIT开源协议。那些对技术平权、科技普惠有巨大需求和渴望的地域、群体和组织，会因为这个最开放的协议传递出的普惠善意，积极拥抱和参与DeepSeek的开源生态。

而不同于传统创投模式的资金结构和形态，也为梁文锋和围绕着他的技术理想主义者们打造了一个更纯粹简单的环境。他不用回复"产品市场匹配度"（PMF）拷问，也不用太纠结App的日活跃用户有多少。就像目前这一波开源，所有自有部署的流量，他转手全送了。

而行业龙头阿里云的创新路径和模式与创业公司深度求索又有所不同，对区域创新的价值也存在差异。

就像OpenAI背后有微软Azure的云计算巨头那样，目前美国主流的模型厂商都与头部的云计算公司形成了合作。依托于云计算基础设施来完成基础模型创新,已经是行业内的通行做法。

阿里云作为国内云计算头号玩家,Qwen开源模型已经形成了广泛影响力,"云＋AI"的组合,加上阿里巴巴的雄厚资金实力,能长久、稳健地推进大模型朝向全场景、全模态、全尺寸方向发展。

这里要说一句,杭州是国内为数不多的云计算与基础模型都能参与全球竞争的玩家,而杭州之所以能握住这张牌,背后又是体制机制创新的结果。

众所周知,杭州特色小镇的起点之一可以说是在云栖小镇。早在2011年,当时还叫西湖区转塘科技经济园区的云栖小镇便以壮士断腕的勇气,摆脱对粗放型增长的依赖,大力提高自主创新能力,瞄准了以云计算、大数据为科技核心的产业方向,积极实施"腾笼换鸟"、促进转型发展。第二年10月,浙江省首个云计算产业园杭州云计算产业园在转塘科技经济园区挂牌,园区也因此在后来改名为"云栖小镇",并于2014年入围浙江省第一批特色小镇名单。

但云栖小镇真正的蝶变,是从和阿里云相遇的那天开始的。从2013年开始,阿里云每年都在这里举办云栖大会,为创业者们搭建一个沟通交流的舞台。2015年,阿里云更是直接入驻云栖小镇。阿里云希望把云栖小镇变为依托云计算创业创新的基地,而云栖小镇也见证了阿里云的一路成长。今天阿里能完成AI转型,"三剑客"里有阿里云的身影,十几年前云栖小镇时代就埋下了种子。

阿里云拥有海量的云计算用户,背靠阿里的消费电商场景积累的平台数据,也能为基础模型走向产业应用打开了通道。你甚至能从一些被外界视作"失败"的案例里看到龙头型企业在推进前沿技术落地场景的作用和价值。

比如新零售领域,2016年10月13日,马云在杭州云栖大会上提出"新零售"概念。他表示,纯电商的时代很快会结束,未来的十年、二十年,没有电子商务这一说,只有新零售这一说,即线上、线下和物流必须结合在一起,才能诞生新零售。为了抢占该赛道的生态位,阿里巴巴此后数年在新零售领域广泛布局,砸入了数百亿元资金。

不过,随着市场环境变化和战略调整,从2024年起,阿里巴巴开始逐渐从这一领域撤退。单就结果来看,阿里巴巴的这一次商业投资无疑是失败的。但这些经过数字化技术彻底改造的企业,已经打造了一个数字底座,沉淀出大量的场景数据。基础模型进步的成果也更容易被这些企业所吸收。比如,"插班生"银泰百货,到阿里巴巴之后又"退学",现在可能已经是国内商场零售领域最先用上 Qwen 和 DeepSeek 的企业。

从这个意义来讲,"失败"这个词对城市创新有着超越单一企业商业得失的价值。这就像云栖小镇的名誉镇长王坚前不久在评价云栖小镇作为数字经济"黑土地"时说的，为什么叫黑土地呢？黑土地就是死掉的东西烂在那里，死的多了，它最后就肥了。

而中小企业活力强劲，民营经济活跃，应用场景丰富，也让杭州具备了从六七十万家企业里长出六七条"龙"的可能性。这是"有效市场"的真正含义——创新充满着偶然和不确定性，许多参与者会在黎明到来前死去，但"落红不是无情物，化作春泥更护花"，它们的经验教训、所搭建的产业环境将滋润更多后来者，成为新物种的养分。

"三剑客"里，之江实验室作为国家战略科技力量，它的领域和机制又与商业公司不同。

作为一家非营利性的新型研发机构，之江实验室承担了国家的使命，能以重投入、重人才的方式大兵团作战。就像此前OpenAI的非营利属性一样，这种投入模式不用考虑短期的商业变现，可以从全社会的大盘子里来考量成果和价值。无疑，非营利属性和开放科学原则，让之江实验室能将这类成果奉献给全球科学界。

有人说，目前在全球科研领域由中国科学家主导的公共产品凤毛麟角。当下之江实验室开放资源的整合和创新机制，正让杭州有机会参与到基于人工智能去改变科学研究体系和科学研究方式的全球大讨论中去。

更重要的是，杭州不是只有一个之江实验室。在浙江全省十大实验室中，杭州就占了七个，除了之江实验室，其他的诸如湖畔实验室、良渚实验室、西湖实验室、天目山实验室、白马湖实验室、湘湖实验室，他们各自在数据科学与应用、生命科学与生物医药、绿色能源、超声速绿色民机新原理等领域为人类探索着科学的边界和能够造福世界的新技术。

而且这些实验室都不是一个人在战斗，它们也和人工智能领域深度求索、阿里云和之江实验室等杭州"三剑客"互为掎角之势，从创新领域、机制、策源-赋能效应等多个维度和各自领域内的上下游产业链、应用场景、产学研资源和数量庞大的中小企业等互补协同，共同构成杭州在这些前沿技术创新领域的综合集成优势。

像剑客一样，去战斗吧

"我们将以完全透明的方式分享微小但真诚的进展"，DeepSeek此前预告开源就十分谦卑真诚。它的开源成果也引起了全球技术社区的广泛关注。

2025年2月底，阿里云也开源了视觉生成基座模型万相2.1，采用了最宽松的Apache2.0开源协议。3月，阿里云又推出了通义千问QwQ-32B推理模型。阿里云的全模态、全尺寸大模型开源之路还在继续。

总的来看，中国的开源新势力正在以更彻底的姿态拥抱开放创新。这种前所未有的信息透明度，为全球人工智能的发展开辟了新的路径。它促使了原本封闭的基础模型厂商们思考和调整策略，比如山姆·奥特曼就表示重新考量开源方式，OpenAI还预告将开源一款模型。

同时，它正在激励更多国家重新规划人工智能的发展。

日经新闻报道，日本AI研究第一人东京大学松尾丰教授称："日本也需要努力开发生成式AI模型。像深度求索这样并非大型科技企业、也没有雄厚资本的公司，能够实现世界最先进的精度，这对日本的初创企业来说也是一种鼓舞。"

加纳AI战略专家、rAIma首席执行官拉希达·穆沙称，他们观察到DeepSeek无法获得最优越性能的芯片却突破困境进行创新。"这也是我们非洲必须要做的事。有了开源模型，我们可以更好地创新。对于未来，我很期待看到非洲的年轻人不再只着眼于商业成功，而是思考创造力、激情和影响力。"

在那些人工智能前沿创新逐渐沉寂的土地上，枪声正在次第响起。

不只是国家，"六小龙"同样激起了众多国内城市的热情与斗志。记得"六小龙"刚出圈那会儿，南京、合肥、深圳、广西等众多省（市）都争相反思：为什么"六小龙"没有诞生在自己城市？但随后没多久，一些城市就开始陆续推出自己的"六小龙"。比如深圳就总结了一个当地机器人圈"十三太保"名单：

优必选、智平方、星尘智能、戴盟、帕西尼、乐聚、数字华夏、众擎、逐际动力、大象、大族、迈步、肯綮科技。

虽然就名气而言，深圳"十三太保"没有杭州"六小龙"，特别是没有上过央视春晚的宇树科技那么响亮，但其实实力一点都不弱。

比如2023年12月在港交所挂牌上市、被誉为"人形机器人第一股"的优必选，其生产的人形机器人Walker S1，是目前全球进入最多车厂实训的人形机器人。合作对象囊括了新能源汽车大半个版图：蔚来汽车、东风柳汽、吉利汽车、领克汽车、极氪汽车、比亚迪……

又比如由南方科技大学长聘教授张巍创立的逐际动力，2024年其双足机器人P1成为中国首个在野外成功徒步的双足机器人。而另一家众擎研发的人形机器人，前段时间曾凭一段深圳街头散步视频"血洗"推特，步态自然到连英伟达科学家吉姆·范都怀疑是AI生成。

作为国内创新创业氛围最好的两座城市，杭州经常被拿来和深圳作比较。特别是今年以来，因为宇树科技的王兴兴，曾南下深圳求职，结果只待了两个月就"杀"回杭州创业，让深圳与宇树科技擦肩而过；而《黑神话：悟空》的母公司游戏科学也位于深圳，但团队却在杭州开发出了《黑神话：悟空》，以至于不少人开始拉杭踩深，公开叫喊"杭州凭什么抢了深圳风头"？

这些看法显然过于乐观。且不说上面两个个案并不具有代表性，我们完全可以举出相反的例子。比如大疆的创始人汪滔，杭州人，却在深圳创业并取得巨大成功，那是不是可以说深圳抢了杭州的风头？

事实上，从数据上看，杭州在各个方面，包括创新科研上跟深圳的差距是巨大的。比如深圳2023年的研发经费支出达到2236.61亿元，杭州只有786.38亿元；深圳的研发强度高达6.46%，而杭州不足4%；深圳的国家级专精特新"小巨人"企业有1050家，杭州仅478家；深圳的国家级高新技术企业超过2.5万家，杭州是1.7万余家；深圳的数字经济核心产业增加值已经超过1万亿元，而号称"数字经济第一城"的杭州在2024年才6305亿元……

即便是"六小龙"聚集的人工智能领域，深圳也领先杭州一个身位。根据"人工智能发展指数TOP30城市""人工智能应用创新城市"榜单，深圳双双稳居全国第二，仅次于北京。而杭州则在两张榜单上都排名第五，甚至不及广州（第四）。至于深圳在工业制造方面的实力，更是杭州所望尘莫及的，难怪有人说：深圳≥杭州＋苏州。

尾　声

正是这种体量上的差距，杭州目前还只能装下"六小龙"，而深圳却能够同时坐拥华为、大疆、腾讯、比亚迪等"四大金刚"却不显得拥挤。

当然，目前整体科技创新实力领先杭州的国内城市不只有深圳。根据《2024年全球创新指数报告》，中国入选全球百强科技创新集群数量连续第二年位居世界第一。在排名前十的科技城市或集群中，三个位于美国，四个位于中国，其中深圳-香港-广州城市群排名全球第二，仅次于东京-横滨城市群。另外，北京排名第三，上海-苏州城市群排名第五，最先反思"为什么是杭州"的南京排名第九，同为新一线城市的武汉排第13名，全都领先杭州（第14名）。

而这些都给杭州提了个醒：虽然经过这些年的鼓励创新、产业升级，杭州的科创能力、产业竞争力、城市影响力得到了质的飞跃，但距离成为"第五城"还存在不小的差距。

从经济数据看，最近这几年杭州GDP的年均增速在头部城市里其实并不算快。真正亮眼的是省内兄弟，刚刚超过天津、即将向前十发起冲刺的宁波。至于杭州，2015年，其GDP相当于第七名成都的93.08%，2024年已经下降到了92.98%，两者差距不仅没有拉近，反而在扩大。而总量排名的止步不前，也是很多人对"北上深杭"之说有颇多非议，对所谓"杭吹"不屑一顾的原因。

更重要的是，相比GDP高于杭州的上海、北京、深圳、重庆、广州、苏州、成都等城市，杭州在人口、土地资源等方面都不占优势。

先看人口。GDP前八大城市中，除了苏州全市常住人口和杭州都处于1200万人这一级别，总量略微领先几十万人外，其余城市人口最少也比杭州多出五六百万人，像重庆、上海、北京、成都等甚至达到了两三千万级，是杭州的两倍以上。

即便是人口和杭州差不多的苏州，土地资源也远远多过杭州。根据2025年以来陆续公布的各地国土空间规划，杭州的城镇可开发边界控制规模才1647.9平方千米，比苏州少了将近1000平方千米，甚至不及同省的宁波。

要人人少，要地没地，杭州只能依靠科技创新，在新兴产业赛道实现弯道超车了。而"三剑客"的成功，证明杭州选对了方向走对了路。"六小龙"的集中涌现，更说明杭州在科创方面已经从播种期、孵化期逐步进入到井喷期。

尽管如我们在第四章提到的那样，每个城市都有自己的经济发展路径和产业演变逻辑，"杭州模式"既不是唯一模式，杭州也不是科创实力、产业体量最大最强的城市。但恰恰因为杭州的"普通性"——既不是直辖市，也不是特区，没有特殊政策的倾斜，才使得杭州的成功经验对于中国其他城市的产业升级具有启发意义，对我们思考中国未来科技的走向和命运也有巨大的参考价值。

而这也是"三土城市笔记"团队倾注心血撰写本书的目的。我们希望用一本书,而不是一篇文章的篇幅来详细回答很多城市所提出的"为何是杭州"的疑惑。在写作过程中,我们并没有局限于分析杭州的成功,同样也正视杭州的短板和存在的问题,并试图发现和挖掘其潜力。因为我们深知,就像科技竞争是一场团战,参与国际产业竞争,突破关键领域的技术"卡脖子"难题,更需要所有城市齐心协力相互配合。

目前,包括人工智能开源模型,中国在很多前沿科技领域已经取得了举世瞩目的成就,但也面临着前所未有的竞争压力。

如何持续保持创新、激活城市活力?答案只有一个,那就是像个剑客一样去继续战斗。诚如梁文锋说过:"务必要疯狂地怀抱雄心,且还要疯狂地真诚。"

后　记

2025年6月28日晚上10点48分，当我在电脑前改完《为何是杭州：不只是杭州》的最后一行文字，顿时有种如释重负的放松感。从2025年2月底接到浙江人民出版社的邀约，开始讨论选题、梳理书稿架构，到组织团队、分工采写，一晃四个月就这么无声无息地过去了。这四个月间，我们不分白天与黑夜、工作日与休息日，开会讨论、翻阅资料、埋头写作，只为让这本"时效性"颇强的书能尽快呈现在读者面前。为此，不惜把本职工作都放下了，公众号停更了整整两个月。以至于读者群里隔三差五就有人问：公众号怎么停更了？你们去哪里了？

作为一个立足杭州城、深耕长三角、放眼全中国的自媒体，"三土城市笔记"写过很多关于杭州区域板块、产业经济、历史人文的深度文章，也受邀考察过南京、无锡、宁波、湖州等城市的企业和园区，本书相当于是把我们过去几年的相关积累与思考做了一次集中的梳理和总结。同时，作为杭州"六小龙"

现象的最早报道者之一，我的朋友徐鑫的那篇《枪响在2018：神秘东方力量，为何扎堆杭州》，以及由此引发的讨论杭州人工智能产业的风潮，也对本书的诞生起到了启发、助产作用。正是顺着她的思路和提供的线索，我们对杭州诞生"六小龙"的深层原因进行了挖掘、剖析。

可以说，本书凝聚了团队所有人的心血和努力。其中，楔子由徐鑫撰写，第一章由土哥涅夫撰写，第二章由田甜、王俊勇、徐鑫撰写，第三章由郭慧岩撰写，第四章由大水撰写，尾声由徐鑫、土哥涅夫撰写。在此，我要感谢团队的每一位小伙伴，没有大伙的齐心协力，实在很难想象这本有一定信息增量的书能以这么快的速度面世。当然，最应该感谢的还是浙江人民出版社赵波社长，还有本书的责编周思逸女士，没有他们的不断鼓励，我们几次都心生退意；没有他们的悉心筹划、编辑，本书也很难像现在这样全面而有深度。

虽然尽了最大努力，但必须承认，本书仍存在诸多不足，责任全部在我。不过，我们希望，这段美好的经历能成为新的起点，激励团队的每一位作者继续笔耕不辍，有机会将更多关于杭州、长三角乃至全国城市的思考凝结成册，以飨读者。

土哥涅夫
2025年7月